Wieczna Prawda

Śri Mata Amritanandamayi

Amma odpowiada na pytania dotyczące Sanatana Dharmy

Mata Amritanandamayi Center
San Ramon, Kalifornia, Stany Zjednoczone

Wieczna Prawda
Śri Mata Amritanandamayi
Zebrał i opublikował: Swami Jnanamritananda Puri

Wydane przez:
    Mata Amritanandamayi Center
    P.O. Box 613
    San Ramon, CA 94583
    Stany Zjednoczone

Copyright © 2023 Mata Amritanandamayi Center,
San Ramon, Kalifornia, Stany Zjednoczone

Wszelkie prawa zastrzeżone. Żadna część tej publikacji nie może być reprodukowana, rozpowszechniana, przechowywana w systemach archiwizacji danych, przepisywana ani tłumaczona na jakikolwiek inny język bez uprzedniej pisemnej zgody wydawcy.

W Polsce: amma-polska.pl

W Indiach:
    www.amritapuri.org
    inform@amritapuri.org

W USA:
    amma.org

W Europie:
    www.amma-europe.org

Przedmowa

„Prawda jest Jedna. Mędrcy nadają jej różne imiona". To głębokie przesłanie przekazała światu starożytna cywilizacja Indii. Przyczyną wszystkich obecnych problemów związanych z religią jest fakt, że o nim zapomnieliśmy.

Możemy twierdzić, że z powodu globalizacji oraz wynalazków takich jak internet i telewizja satelitarna świat skurczył się do rozmiaru wioski, lecz jednocześnie dystans pomiędzy ludzkimi umysłami nieustannie się zwiększa. Koncepcja, którą Indie ofiarowały światu - Vasudhaiva kutumbakam, „Cały świat jest moją rodziną" - opiera się na zasadzie jedności wszystkich stworzeń. Nasze problemy ostatecznie rozwiążą się dopiero wtedy, gdy przyswoimy sobie tę zasadę. Nawet jeśli nie potrafimy tego zrobić, powinniśmy przynajmniej przyjąć postawę szacunku wobec poglądów i idei innych. Świat potrzebuje tolerancji i zrozumienia.

Wieczna Prawda

Podstawy *Sanatana Dharmy*[1], Wiecznej Prawdy, zawarte w naukach *riszich* (oświeconych mędrców), mogą poprowadzić nas we właściwym kierunku. Są one Boskim światłem oświetlającym naszą ścieżkę do doskonałości.

Sanatana Dharma uosabia wieczne prawdy, które każdy, niezależnie od religii, kasty i kultury, może sobie przyswoić i zastosować w życiu.

Niniejsza książka stanowi zbiór odpowiedzi Ammy na pytania wiernych dotyczące nauk Sanatana Dharmy. Mamy nadzieję, że pomoże ona w propagowaniu tej wiedzy.

Wydawcy

---

[1] Wszystkie słowa zapisane przy pierwszym pojawieniu się w tekście kursywą zostały wyjaśnione w słowniczku na końcu książki. Pisownia słów została spolszczona, łącznie z pisownią imion bóstw, świętych i postaci ze świętych pism. Jedynie w cytatach i tytułach Upaniszad pozostawiono transliterację angielską.

Pytanie: Czym charakteryzuje się hinduizm?

Amma: Moje dzieci, hinduizm głosi, że we wszystkim zawiera się Boskość. Każdy jest uosobieniem Boga. Ludzie i Bóg nie stanowią odrębnych istot, lecz jeden Byt. Boskość jest obecna w każdej osobie. Hinduizm uczy, że możemy ją odkryć, jeżeli podejmiemy odpowiednie starania. Stwórca i jego kreacja są od siebie nieodłączne. Kreator (Bóg) przejawia się w postaci swej kreacji. Według hinduizmu uświadomienie sobie tej niedualistycznej Prawdy stanowi ostateczny cel życia.

Sen nie jest odrębny od śniącego. Lecz aby zrozumieć, że to, czego doświadczaliśmy, było tylko snem, musimy się obudzić. Mimo iż wszystko jest Bogiem, nie przebudziliśmy się jeszcze do tej Prawdy, dlatego postrzegamy przedmioty i istoty wokół siebie jako odrębne jednostki. Jedne rzeczy lubimy, innych nie. W rezultacie radość i smutek stały się naturą naszego życia.

Kiedy urzeczywistnimy własną prawdziwą esencję, nie będzie już „mnie" ani „ciebie" - wszystko stanie się Bogiem. Pozostanie jedynie błogość.

Hinduizm uczy, że istnieje wiele dopasowanych do naszych *samskar* ścieżek, które pomagają nam obudzić w sobie to doświadczenie. Nie ma prawdopodobnie innej religii, która zawiera w sobie tyle różnych metod praktyki oraz obrzędów.

Z gliny możemy ulepić osła, konia, mysz albo lwa. Mimo iż ich formy i nazwy się różnią, są one w rzeczywistości tą samą gliną. Potrzebujemy oka, które dostrzeże, że podłożem wszystkich tych nazw i form jest glina. Musimy porzucić postrzeganie wszechświata przez pryzmat różnych nazw i form. W rzeczywistości to jedna Najwyższa Świadomość wcieliła się we wszystkie te postacie. Dlatego w hinduizmie wszystko uznaje się za Boga. Nie istnieje tu nic, co nie byłoby Bogiem. Hinduizm uczy nas kochać, a także służyć - zwierzętom, ptakom, gadom, drzewom, roślinom, górom, rzekom - wszystkiemu, nawet śmiertelnie jadowitej kobrze.

Kiedy doświadczymy Najwyższej Rzeczywistości, uświadomimy sobie, że wszechświat nie jest od nas odrębny, tak jak różne narządy nie są odrębne od ciała.

Nasza świadomość, która dotychczas ograniczała się do ciała, poszerza się, aby objąć cały wszechświat. Niczego nie da się z tej świadomości wykluczyć. Ci, którzy znają Prawdę, doświadczają cierpienia innych, jak gdyby było ich własnym, podobnie jak my jesteśmy świadomi bólu, który odczuwa nasz palec u nogi, kiedy wbije się w niego kolec. Współczucie i chęć niesienia pomocy są prawdziwą naturą mędrców, tak jak żar jest naturą ognia, chłód naturą wody, a zapach i piękno naturą kwiatu. Jeśli przez przypadek włożymy sobie palec do oka, wybaczymy palcowi oraz zaopiekujemy się okiem, ponieważ palec i oko nie są od siebie odrębne.

Celem hinduizmu jest doprowadzić nas do zrozumienia, że wszystkie istoty są częścią nas. Kiedy nasza świadomość poszerzy się z ograniczonej świadomości ciała do świadomości wszechświata i doświadczymy jedności z Bogiem, osiągniemy doskonałość. Sanatana Dharma uczy nas postrzegać Boga we wszelkim stworzeniu i w ten sposób doświadczyć, że nie jesteśmy od Niego odrębni. Prowadzą do tego różne ścieżki, w tym ścieżka bezinteresownej służby (*karma joga*), ścieżka oddania (*bhakti joga*), ścieżka samopoznania (*dżniana joga*) oraz ścieżka medytacji (*radża joga*).

Hinduizm nazywany jest Sanatana Dharmą, Wieczną Religią, ponieważ pasuje do każdego kraju i każdej epoki. Naucza on uniwersalnych prawd, dzięki którym nasza świadomość może poszerzyć się i objąć cały wszechświat. Intencją hinduizmu jest rozwój każdej istoty. Nie ma w nim miejsca na zawężone i konserwatywne myślenie.

Om asato ma satgamaya
Tamaso ma jyotirgamaya
Mrityor ma amritam gamaya

O Najwyższa Istoto,
Prowadź nas od nieprawdy do prawdy,
Z ciemności do światła
I od śmierci do nieśmiertelności.

- *Upaniszada* Brihadaranyaka (1. 3. 28)

Om purnamadah purnamidam
Purnat purnamudachyate
Purnasya purnamadaya
Purnamevavasishyate

Tamto jest całością, to jest całością.
Z całości manifestuje się całość.
Gdyby usunąć całość z całości,
Pozostanie jedynie całość.

- Upaniszada Isha (Inwokacja)

Powyższe *mantry* zostały nam przekazane przez wielkich mędrców i nie znajdziemy w nich ani śladu wizji postrzegającej cokolwiek jako „inne" czy odrębne.

Riszi byli starożytnymi indyjskimi mędrcami, którzy odkryli Najwyższą Prawdę - prawdę o niedualności. Prawda ta przeniknęła do ich słów, dlatego nigdy nie było w nich fałszu.

„Bóg mieszka nawet w tym filarze" - odparł chłopiec Prahlada na pytanie swego ojca. Gdy wypowiedział te słowa, Bóg dowiódł słuszności jego stwierdzenia, wyłaniając się z filaru. Dlatego mówi się, że prawda przenika do słów mędrców. Tak jak narodziny następują za pośrednictwem łona matki, podobnie Prawda przemawia ustami świętych istot. Riszi, będąc w pełni świadomi przeszłości, teraźniejszości i przyszłości, dzielili się Prawdą również z myślą o następnych pokoleniach.

Lodówka chłodzi, grzejnik ogrzewa, lampa zapewnia światło, a wiatrak przepływ powietrza - lecz wszystkie te urządzenia działają za sprawą tej samej energii elektrycznej. Czy byłoby rozsądnym stwierdzić, że prąd w jednym z tych urządzeń jest lepszy od prądu płynącego w pozostałych, tylko dlatego, że urządzenia te pełnią inne funkcje i cechuje

Wieczna Prawda

je inna wartość materialna? Aby zrozumieć, że elektryczność jest ta sama, mimo że urządzenia się różnią, musimy poznać zasady działania tych urządzeń i zdobyć praktyczne doświadczenie w tym temacie. Podobnie wewnętrzna esencja - Świadomość - która zamieszkuje każdy przedmiot we wszechświecie, jest jedna i ta sama, mimo iż z zewnątrz przedmioty wydają się różnić. Za pomocą praktyki duchowej możemy rozwinąć w sobie oko mądrości i ujrzeć tę Prawdę. Riszi, którzy bezpośrednio doświadczyli Prawdy, przekazali Ją dalej, następnym pokoleniom. To właśnie filozofia ofiarowana nam przez riszich ukształtowała styl życia mieszkańców Indii.

„Hindus" to nazwa nadana ludziom praktykującym hinduizm. Nie jest to tak naprawdę religia, lecz styl życia. Słowo *matham* (w sanskrycie: religia) posiada również bardziej ogólne znaczenie: punkt widzenia. Kultura Indii stanowi sumę doświadczeń wielu świętych, którzy żyli w różnych epokach i bezpośrednio doświadczali Najwyższej Prawdy. Zatem Sanatana Dharma nie jest religią stworzoną przez pojedynczego człowieka, ani też nauką zawartą w jednej książce. Jest to wszechstronna filozofia życia.

Wspaniałe dusze żyjące w różnych krajach na przestrzeni wielu epok udzielały swym uczniom porad umożliwiających doświadczenie Boga (czy też Najwyższej Prawdy). Porady te przekształciły się później w różne religie. Sanatana Dharma składa się z nieprzemijających zasad, wartości oraz nauk etycznych, które zostały objawione oświeconym duszom na skutek ich własnego doświadczenia. Później stała się ona znana jako hinduizm. Zawiera się w niej wszystko.

Sanatana Dharma nie upiera się, żeby nazywać Boga konkretnym imieniem ani że zjednoczenie z Nim można osiągnąć wyłącznie za pomocą jednej określonej ścieżki. Sanatana Dharma jest jak supermarket, w którym można dostać wszystko. Daje nam ona swobodę podążania którąkolwiek ze ścieżek wytyczonych przez wielkie oświecone dusze, a nawet stworzenia własnej, unikatowej ścieżki. Istnieje tu również wolność wiary lub niewiary w Boga.

Tym, co Sanatana Dharma nazywa wyzwoleniem, jest ostateczne uwolnienie się od smutku i cierpienia. Do tego celu prowadzi jednak wiele ścieżek. Duchowy mistrz zasugeruje uczniowi metodę, która będzie najbardziej odpowiadać jego fizycznym, psychicznym i intelektualnym predyspozycjom. Nie da się otworzyć wszystkich drzwi tym samym kluczem. W podobny sposób, aby otworzyć umysł, potrzebujemy różnych kluczy dopasowanych do naszych samskar i poziomów zrozumienia.

Ile osób odniesie pożytek z rzeki, która płynie tylko jednym strumieniem? Jeśli natomiast rzeka rozgałęzia się na wiele strumieni, skorzystają z niej ludzie żyjący wzdłuż brzegów wszystkich tych strumieni. Tak samo duchowi mistrzowie stosują różne metody, ponieważ w ten sposób więcej osób może sobie przyswoić ich nauki. Niesłyszące dziecko trzeba nauczać w języku migowym. Niewidome dziecko naucza się za pomocą alfabetu Braille`a, za pomocą dotyku. A kiedy dziecko jest mentalnie upośledzone, musimy zejść do jego poziomu i wytłumaczyć mu rzeczy w prosty, zrozumiały sposób. Tylko wówczas gdy dopasujemy sposób nauczania do ucznia, będzie on w stanie przyswoić sobie nauki. Podobnie duchowi mistrzowie badają mentalną postawę oraz samskary ucznia i według tego decydują, jaką ścieżką go prowadzić. Niezależnie jednak od ścieżki, cel jest zawsze jeden i ten sam: Najwyższa Prawda.

W Sanatana Dharmie każde ubranie skrojone jest na miarę ucznia. Ponadto ubrania mogą być czasem poddawane poprawkom, aby dopasować je do etapu rozwoju ucznia.

Na przestrzeni wieków wielkie dusze Sanatana Dharmy korygowały duchowe ścieżki i praktyki, aby dostosować je do zmieniających się czasów. Dynamizm i ekspansywność są znakiem rozpoznawczym hinduizmu.

Jeśli niemowlakowi karmionemu piersią podamy mięso, nie będzie on w stanie go strawić. Zachoruje, sprawiając jednocześnie kłopot innym. Konsumenci w zależności od swych zdolności trawiennych oraz gustu spożywają różne pokarmy. Dzięki temu pozostają zdrowi. Podobnie w Sanatana Dharmie w zależności od samskar praktykujących polecane są różne ścieżki. Każdy z pewnością znajdzie tu metodę odpowiadającą jego naturze. W tym właśnie celu powstały liczne ścieżki, takie jak dżniana joga, bhakti joga, karma joga, radża joga, *hatha joga, kundalini joga, krija joga, swara joga, laja joga, mantra joga, tantra* i *nadopasana*.

W Sanatana Dharmie nie ma sprzeczności pomiędzy duchowością a życiem w świecie (prowadzeniem domu). Sanatana Dharma nie potępia życia w świecie, lecz uczy, jak dzięki duchowości uczynić je bogatszym i pełniejszym.

Wieczna Prawda

Riszi, w oparciu o duchowość, dali również początek wielu dziedzinom nauki i sztuki. Postrzegali oni naukę i sztukę jako etapy prowadzące do Najwyższej Prawdy i sformułowali je w sposób, który ostatecznie prowadził do Boga. W Indiach rozwinęło się w ten sposób wiele dziedzin nauki - lingwistyka, architektura, *wastu*, astronomia, matematyka, medycyna, dyplomacja, ekonomia, *natja szastra*, muzykologia, wiedza erotyczna, logika, *nadi szastra* i inne. Sanatana Dharma nie neguje ani nie wyklucza żadnej sfery życia ludzkiego czy kultury. Stanowi raczej inspirację do rozwoju wszelkich nauk i sztuk.

Ponieważ odkryto, że Boska Świadomość istnieje we wszystkich ożywionych i nieożywionych istotach, w Sanatana Dharmie rozwinęła się tradycja, w której wszystko darzono jednakowym szacunkiem i czcią. Wielcy riszi spoglądali na ptaki, zwierzęta, rośliny i drzewa bez cienia pogardy czy wstrętu, ponieważ postrzegali oni wszystkie istoty jako ucieleśnienie Boga. Z tego powodu stawiali świątynie nawet wężom i ptakom. Wielbili też pająki i jaszczurki. Sanatana Dharma naucza, że aby osiągnąć doskonałość, człowiek musi zasłużyć sobie na błogosławieństwo mrówki. W *Bhagawatam* istnieje historia *awadhuty*, który miał dwudziestu czterech *Guru*, w tym zwierzęta i rośliny. Powinniśmy zawsze zachowywać postawę początkującego, ponieważ od każdej istoty możemy się czegoś nauczyć.

Riszi dostrzegali obecność Boga również w przedmiotach martwych. Śpiewali: „Sarvam brahmamayam, re re sarvam brahmamayam" - „Wszystko jest *Brahmanem*, wszystko jest esencją Najwyższego". Dziś naukowcy mówią, że wszystko składa się z energii. Mieszkańcy Indii, którzy wierzą w słowa riszich, kłaniają się wszystkiemu z szacunkiem, widząc we wszystkim Boga.

Amma[1] pamięta pewne sytuacje ze swojego dzieciństwa. Kiedy nadepnęła na kawałek papieru, który upadł na ziemię, musiała go dotknąć i skłonić się przed nim. Jeśli tego nie zrobiła, otrzymywała od matki naganę. Matka Ammy powtarzała, że papier nie jest wyłącznie papierem, lecz ucieleśnieniem Bogini *Saraswati*, Bogini nauki.

W podobny sposób uczono Ammę, że jeśli nadepnie na krowie łajno, powinna go dotknąć na znak szacunku. Krowie łajno pomaga rosnąć trawie.

---

[1] Amma przeważnie odnosi się do siebie w trzeciej osobie jako „Amma" (Matka).

Krowy jedzą trawę i dają mleko. Następnie my to mleko spożywamy.

Matka Ammy uczyła ją, że nie wolno dotykać progu stopą. Jeśli na nim staniemy, powinniśmy przyłożyć do niego dłoń i skłonić się przed nim. Powód tego był prawdopodobnie taki, że próg symbolizuje przejście do następnego etapu w życiu. Kiedy spoglądasz na rzeczy w ten sposób, wszystko okazuje się cenne. Niczego nie wolno ignorować ani znieważać. Wszystko powinniśmy traktować z należytym szacunkiem[2].

Bhagawatam (historia Pana) i *Bhagawan* (Pan) nie stanowią dwóch rzeczy - są tym samym. Świat i Bóg nie są od siebie odrębni. Powinniśmy widzieć jedność w wielości, w różnorodności. Nawet dziś, kiedy Amma nadepnie na coś, dotyka tego, a następnie przykłada dłoń do swej głowy, aby okazać szacunek dla tego przedmiotu. Choć Amma wie, że Bóg nie jest odrębny od Niej, wciąż kłania się wszystkiemu. Mimo iż schody prowadzące na

---

[2] Niektórzy mogą się zastanawiać, dlaczego Amma przywiązuje tak dużą wagę do form przejawionego świata, który według Sanatana Dharmy jest iluzją (mają). Nawiązując do tego, Amma mówi: „Kiedy mówimy, że świat zewnętrzny nie jest prawdziwy czy rzeczywisty, lecz nieprawdziwy i iluzoryczny, mamy na myśli nie to, że nie istnieje, lecz że jest nietrwały, że ulega on nieustannym zmianom.

wyższe piętro oraz samo wyższe piętro wykonane są z tego samego materiału, Amma nie potrafi zignorować schodów. Nie może zapomnieć o ścieżce, z której trzeba było skorzystać, aby trafić na miejsce. Amma szanuje wszystkie metody, które pomagają osiągnąć ostateczny cel.

Dzieci Ammy pytają, czy taka postawa jest w Jej przypadku konieczna. Lecz przypuśćmy, że dziecko ma żółtaczkę i nie może jeść soli, ponieważ pogorszy to jego stan. Dziecko nie lubi niesłonego jedzenia i kiedy tylko zobaczy coś słonego, weźmie to do ręki i zje. Jego matka nie dodaje więc soli do żadnych potraw i inni członkowie rodziny dla dobra dziecka również nie używają soli. Podobnie Amma daje innym przykład, mimo iż sama nie musi praktykować tych zwyczajów.

Ponieważ Sanatana Dharma uczy nas we wszystkim widzieć Boskość, nie ma tu miejsca na wieczne piekło. Wierzy się, że nawet jeśli popełniliśmy ciężki grzech, wciąż możemy oczyścić się za pomocą dobrych myśli i uczynków, ostatecznie jednocząc się z Bogiem. Za pomocą szczerej skruchy każdy może uniknąć skutków swych błędów, nawet tych najpoważniejszych. Nie ma grzechu, którego nie da się zmyć pokutą. Lecz nie powinno to wyglądać jak

Wieczna Prawda

kąpiel słonia! Słoń kąpie się i wynurza z wody, aby za chwilę znów obrzucić się cały ziemią. Tak właśnie wiele ludzi postępuje w kwestii swoich błędów.

Krocząc przez życie, popełniamy wiele błędów. Ale dzieci Ammy nie powinny się z tego powodu zniechęcać. Jeśli upadniemy, pomyślmy, że upadliśmy tylko po to, aby znów powstać. Nie leżmy na ziemi, myśląc, że to całkiem wygodne! Nie bądźmy też zdruzgotani upadkiem. Musimy spróbować otrząsnąć się i pójść naprzód.

Kiedy pisząc ołówkiem na papierze, popełnimy błąd, możemy użyć gumki i poprawić słowo. Lecz jeśli w kółko będziemy w tym samym miejscu popełniali błąd i próbowali go wymazać, papier może się podrzeć. Zatem, moje dzieci, starajcie się nie powtarzać swych błędów. Popełnianie błędów jest naturalne, ale bądźcie ostrożne. Zachowajcie czujność!

Sanatana Dharma nie potępia nikogo na wieczność. Uznanie kogoś za niegodnego duchowej ścieżki jest jak postawienie szpitala i niedopuszczenie do niego pacjentów. Nawet zepsuty zegarek dwa razy na dobę pokazuje właściwy czas! Dlatego potrzeba nam akceptacji.

Kiedy unikamy kogoś, uważając go za „niewłaściwe towarzystwo", jedynie umacniamy w tej osobie mściwość i zwierzęce instynkty, przez co będzie ona popełniać jeszcze więcej błędów. Kiedy z kolei chwalimy to, co w takich osobach dobre, i cierpliwie pomagamy im naprawić błędy, możemy zapoczątkować w nich transformację.

Popełniamy błędy, ponieważ nie jesteśmy świadomi własnej natury. Sanatana Dharma nie wyklucza nikogo. Za pośrednictwem jej nauk każda osoba zdobędzie wiedzę, jakiej potrzebuje. Gdyby mędrcy uznali myśliwego Ratnakara za przestępcę i odsunęli się od niego, nigdy nie narodziłby się mędrzec Walmiki. Sanatana Dharma pokazuje, że nawet przestępca może przemienić się we wspaniałą duszę.

Nikt nie pogardzi diamentem, nawet jeżeli leży on w kale. Ktoś go podniesie, wyczyści i przywłaszczy sobie. Nie jest możliwe odtrącić kogokolwiek, ponieważ Najwyższa Istota przenika wszystko. Powinniśmy widzieć Boga w każdym, niezależnie od statusu społecznego danej osoby. Aby stało się to możliwe, musimy najpierw usunąć nieczystości, które zalegają w naszych umysłach.

Nauki Sanatana Dharmy są wiecznie żywymi klejnotami, które riszi bezinteresownie podarowali światu, kierując się współczuciem. Nikt, kto pragnie pozostać żywy, nie obejdzie się bez powietrza ani wody. Podobnie nikt, kto szuka spokoju, nie może ignorować zasad Sanatana Dharmy. Sanatana Dharma nie prosi nas, abyśmy uwierzyli w Boga, który mieszka w niebie. Mówi ona: „Miej wiarę w siebie. Wszystko jest w tobie!".

Bomba atomowa może obrócić w popiół cały kontynent, lecz jej siła tkwi w malutkich atomach. Drzewo banianu może pokryć duży obszar, mimo iż wyrasta ono z małego nasienia. Tak samo esencja Boga tkwi w każdym z nas. Możemy się o tym przekonać za pomocą rozsądku oraz doświadczeń w naszej duchowej praktyce. Musimy jedynie uważnie podążać jedną ze ścieżek prowadzących do obudzenia w sobie Jego mocy.

Uwielbienie, wiara i uważność w każdej czynności - tego naucza Sanatana Dharma. Nie prosi ona, abyś wierzył w cokolwiek ślepo. Jeśli chcemy użyć maszyny, musimy najpierw nauczyć się jej działania, w przeciwnym razie moglibyśmy ją uszkodzić. Wiedza duchowa (dżniana) jest potrzebna, abyśmy mogli działać we właściwy sposób. Uważność to przyswojenie sobie tej wiedzy i postępowanie w zgodzie z nią.

Mężczyzna wlewa wodę do zbiornika, lecz mimo iż zajmuje się tym już cały dzień, zbiornik wciąż się nie napełnił. Szuka przyczyny. W końcu odkrywa, że jeden z odpływów zbiornika nie został zatkany. Wiedza jest w tym przykładzie zrozumieniem, że bez zatkania odpływu żadna ilość wody nie wystarczy, aby napełnić zbiornik. Uważność jest podjęciem odpowiedniego działania po zdobyciu tej wiedzy. Tylko wówczas gdy będziemy działać z uważną świadomością, osiągniemy zamierzony rezultat.

Pięciu rolnikom powierzono zadanie posiania nasion. Jeden z nich wykopał dołki w ziemi. Drugi nasypał nawozu do dołków. Trzeci zajął się podlewaniem. Inny zasypał dołki ziemią. Mijały dni, ale żadne z nasion nie wykiełkowało. Przełożony zbadał glebę, aby dowiedzieć się, w czym tkwi problem, i odkrył, że mężczyzna, który miał włożyć nasiona do ziemi, nie wykonał swej pracy! Takie jest właśnie działanie pozbawione uważności. Nie przyniesie ono pożądanych rezultatów.

Każda czynność, której podejmujemy się w życiu, ma na celu przybliżyć nas do Boga.

Wieczna Prawda

Powinniśmy działać bezinteresownie, bez poczucia „ja". Musimy zrozumieć, że jesteśmy w stanie działać jedynie dzięki łasce Boga i Jego mocy. Jest to wiedza (dżniana) zastosowana w działaniu (karmie). Czynności wykonywane z wiedzą oraz uważnością to karma joga, joga bezinteresownego działania.

Kiedy wykonujemy jakąś czynność z uważnością, zapominamy o sobie. Umysł koncentruje się na tym jednym zadaniu. Doświadczamy błogości. W ten sposób rodzi się uwielbienie. Kiedy będziemy działać z uważnością i oddaniem, nasze starania z pewnością wydadzą owoce. A kiedy otrzymujemy owoce działania, nasza wiara umacnia się. Taka wiara jest niezachwiana. Nikt nie może nią wstrząsnąć. Uważność, oddanie i wiara: czynności wykonywane z uważnością rodzą uwielbienie, a uwielbienie prowadzi do umocnienia wiary.

Większość tekstów Sanatana Dharmy zostało napisanych w formie dyskursów. Zawierają one odpowiedzi oświeconych mistrzów na pytania uczniów. Uczeń ze swobodą zadaje pytania, dopóki jego wątpliwości nie zostaną rozwiane. Rozwija to w uczniu uważność.

Hinduizm nie występuje przeciwko nikomu. Nie wymaga też od nikogo porzucenia jego religii czy wiary. W rzeczywistości niszczenie czyjejś wiary uważa za nieprawy czyn. Sanatana Dharma uważa, że wszystkie religie są różnymi ścieżkami prowadzącymi do tego samego celu. Nie neguje ona niczego. Zawiera się w niej wszystko. Dla Hindusa nie istnieje nic takiego jak inna religia. Pierwotnie w Indiach nie było takiej koncepcji.

Niezależnie od tego, jaką religię wyznaje dana osoba, powinna ona pozostać jej wierna i z tą wiarą kroczyć do przodu. Tylko w ten sposób osiągnie ostateczny cel. Ścieżki karma jogi, bhakti jogi oraz dżniana jogi mogą być praktykowane przez ludzi każdego wyznania, w sposób dopasowany do obecnej epoki i jej stylów życia.

Ocean i jego fale mogą wydawać się groźne dla tych, którzy nie umieją pływać. Lecz ci, którzy posiedli tę umiejętność, będą z przyjemnością unosić się na falach. Podobnie ludzie, którzy przyswoili sobie zasady duchowości, przebywają w stanie błogości. Dla nich każdy dzień jest świętem. Potrzebujemy sposobów, aby doświadczyć tej błogości za życia, nie po śmierci. Ten, kto chce odnieść sukces w interesach, musi nauczyć się sztuki zarządzania. Tak samo ten, kto chce być naprawdę szczęśliwy, powinien nauczyć się sztuki kierowania życiem.

Treścią indyjskich pism, takich jak Upaniszady, *Bhagawad Gita*, *Brahma Sutry*, *Ramajana* i *Mahabharata*, są wyłącznie ponadczasowe prawdy, które mogą przyswoić sobie ludzie ze wszystkich epok. Teksty te nie mają nic wspólnego z demagogią sekty. Opierają się na rozsądku i mogą zostać wdrożone w praktykę przez wszystkich. Teksty Sanatana Dharmy są zrozumiałe dla każdego, podobnie jak literatura popularna z dziedziny zdrowia, psychologii i socjologii. Przyswojenie sobie zasad Sanatana Dharmy przyniesie ludzkości szczęście i poszerzy jej świadomość.

Pytanie: Dlaczego musimy wierzyć w Boga?

Amma: Możliwe jest przejść przez życie bez wiary w Najwyższą Istotę. Lecz aby kroczyć naprzód pewnym krokiem w obliczu kryzysu, musimy znaleźć schronienie w Bogu. Powinniśmy być gotowi podążać Jego ścieżką.

Życie bez Boga jest jak rozprawa sądowa, na której dwóch prawników kłóci się pod nieobecność sędziego. Ich argumenty nie zostaną wysłuchane. Bez sędziego nie zapadnie wyrok.

Czcimy Boga, aby pielęgnować w sobie Boskie cechy. Lecz jeśli potrafimy przyswoić sobie te cechy bez czczenia Go, nie ma wówczas potrzeby wiary. Niezależnie od naszej wiary Najwyższa Istota istnieje, a Jej naturą jest Prawda. Czy potrafimy tę Prawdę rozpoznać, czy nie, niczego Jej to nie ujmie. Siła grawitacji jest namacalnym faktem. Nie przestanie ona istnieć tylko dlatego, że nie będziemy w nią wierzyć. Jeśli zanegujemy istnienie grawitacji i skoczymy z dużej wysokości, będziemy musieli pogodzić się z niefortunnym rezultatem skoku. Takie odwracanie się od rzeczywistości jest jak tworzenie ciemności poprzez zamknięcie oczu. Rozpoznając Uniwersalną Prawdę, która jest Bogiem, i żyjąc w zgodzie z Nią, możemy przejść przez życie bez kłopotów.

Pytanie: Po co czci się wizerunki Boga?

Amma: Hindusi nie czczą tak naprawdę samych wizerunków. Wielbią oni Najwyższą Siłę, która przemawia przez każdy wizerunek. Kiedy chłopiec zobaczy portret swego ojca, pomyśli on o ojcu, nie o artyście, który namalował obraz. Kiedy młody mężczyzna spogląda na pióro lub chusteczkę ofiarowaną mu przez jego ukochaną, myśli o niej, nie o podarunku. Nie oddałby tych rzeczy za żadne skarby świata. Dla niego to pióro nie jest zwykłym piórem. Chusteczka nie jest zwykłą chusteczką. Widzi on w tych przedmiotach kobietę, którą kocha.

Jeśli zwyczajny przedmiot może wzbudzić tak silne uczucia w zakochanym mężczyźnie czy zakochanej kobiecie, pomyśl, jak cenny jest Boski wizerunek dla wiernego, któremu przypomina on o Bogu! Dla wiernego wyrzeźbiona w kamieniu postać Najwyższej Istoty nie jest zwykłym kawałkiem kamienia. Uosabia ona Najwyższą Świadomość.

Niektórzy pytają: „Czy zawarcie małżeństwa nie sprowadza się do zawiązania jednego węzełka na szyi narzeczonej?". Tak, to prawda. Jest ono zawiązaniem zwykłego sznurka wokół szyi[3]. Lecz zastanówmy się, jak dużą wagę przywiązujemy do tego kawałka sznurka i tej chwili! Jest to chwila,

---
[3] Podczas tradycyjnej hinduistycznej ceremonii ślubnej mąż zawiązuje pozłacany sznurek lub zapina łańcuszek na szyi kobiety.

która wyznacza podstawę reszty życia. Wartość ceremonii nie ma nic wspólnego z wartością sznurka, lecz z wartością całego życia. Tak samo wartość wizerunku Boga nie tkwi w wartości kamienia. Wizerunek jest bezcenny, ponieważ reprezentuje Uniwersalnego Ojca czy Matkę. Ten, kto widzi w nim jedynie kawałek kamienia, nie posiada odpowiedniej wiedzy. Rytualne oddawanie czci zaczyna się zwykle słowami: „Wielbię Boga w tym posągu".

Przeciętnej osobie trudno byłoby wielbić wszechobecną Najwyższą Świadomość bez pomocy symbolu, który by ją reprezentował. Święty wizerunek Boga może być bardzo pomocny w pielęgnowaniu oddania i osiągnięciu skupienia. Stojąc przed posągiem, modlimy się z zamkniętymi oczami. Zatem posąg pomaga nam zwrócić się do wewnątrz i obudzić Boską istotę w nas samych.

W takim rodzaju oddania kryje się jeszcze jedna istotna zasada. Złote bransoletki, kolczyki, naszyjniki i pierścionki wszystkie wykonane są z tego samego metalu. Jest nim złoto. Podobnie Bóg stanowi podłoże wszystkiego. Powinniśmy dostrzec w różnorodności leżącą u jej podstawy jedność. Czy jest to *Sziwa*, *Wisznu* czy *Muruga* (Subramania), powinniśmy być świadomi kryjącej się za nimi jedności. Powinniśmy zrozumieć, że wszystkie formy są różnymi przejawami tego samego Boga. Wielbi się różne bóstwa, ponieważ ludzie należą do różnych kultur. Każdy może wybrać postać, która mu najbardziej odpowiada.

Żeby wyraźnie zobaczyć w lustrze swoją twarz, musimy najpierw wyczyścić lustro. Podobnie tylko wówczas gdy usuniemy brud swego umysłu, będziemy w stanie ujrzeć Boga. Nasi przodkowie włączyli do Sanatana Dharmy rytuały oddawania czci Boskim wizerunkom, abyśmy oczyścili swe umysły i osiągnęli skupienie. W Sanatana Dharmie szukamy Boga w sobie, nie na zewnątrz. Kiedy doświadczymy Boga wewnątrz, będziemy go widzieć wszędzie.

Bóg nie ma wewnętrznej ani zewnętrznej strony. Bóg jest Boską Świadomością, która istnieje wszędzie, przenikając wszystko. Tylko dlatego że posiadamy indywidualną tożsamość, poczucie „ja", rzeczy wydają nam się istnieć wewnątrz oraz na zewnątrz nas. Obecnie nasze umysły są zwrócone na zewnątrz, nie do wewnątrz. Umysł jest przywiązany do wielu form wokół nas oraz do idei „moje" w odniesieniu do tych form. Wielbienie formy Boga ma na celu skierowanie umysłu z powrotem do wewnątrz i obudzenie Boskiej Świadomości, która jest już w nas obecna.

Pytanie: Niektórzy krytykują hinduizm z powodu praktyki czczenia wizerunków. Z czego wynika takie nastawienie?

Amma: Trudno zrozumieć, dlaczego ktokolwiek chciałby krytykować hinduizm z powodu oddania dla Boskiej formy. Czczenie wizerunków ma miejsce we wszystkich religiach, w tej czy innej postaci - w chrześcijaństwie, islamie, buddyzmie itp. Jedyna różnica polega na rodzaju wizerunku oraz na sposobie, w jaki oddaje się mu cześć. W chrześcijaństwie nie ofiaruje się słodyczy ani płatków kwiatów. Zamiast tego pali się świece. Chrześcijańscy księża ofiarują chleb jako ciało Chrystusa i wino jako Jego krew. Hindusi palą kamforę, a z kolei wielu chrześcijan pali kadzidło. Chrześcijanie widzą w krzyżu symbol poświęcenia i bezinteresowności. Klękają przed postacią Chrystusa i modlą się.

Wyznawcy islamu uważają Mekkę za święte miejsce i kłaniają się w jej kierunku. Zwracają się w stronę *Kaba*, modląc się i kontemplując cnoty Boga. Wszystkie te modlitwy mają na celu obudzenie drzemiących w nas pozytywnych cech.

Kiedy uczymy się czytać w malajalam, najpierw przyswajamy sobie proste spółgłoski, ka, kha, ga, gha, abyśmy później mogli składać z nich słowa. Podobnie w łacińskim alfabecie zaczynamy od liter a, b i c. W ten sam sposób różne formy czczenia Boga prowadzą do rozwinięcia w nas Boskich cech.

Pytanie: W nawiązaniu do czczenia wizerunków, czy nie powinniśmy czcić artysty, który wykonał rzeźbę, zamiast samej rzeźby?

Amma: Kiedy patrzysz na flagę swego kraju, czy darzysz szacunkiem flagę, czy krawca? Czy może tkacza, który sporządził tkaninę? Czy osobę, która uprzędła włóczkę? Albo rolnika, który uprawia bawełnę? Nikt nie poświęca uwagi tym ludziom.

Zamiast tego myślimy o kraju, który flaga symbolizuje.

Podobnie gdy widzimy posąg Boga, nie przychodzi nam na myśl rzeźbiarz. Myślimy natomiast o Bogu, Boskim Rzeźbiarzu całego wszechświata. Najwyższa Istota jest Źródłem, z którego artysta czerpie inspirację, aby wykonać wizerunek. Jeśli zgadzamy się, że aby stworzyć wizerunek, potrzebny jest rzeźbiarz, dlaczego tak trudno jest nam uwierzyć, że ten wszechświat również został stworzony przez Rzeźbiarza?

Czcząc Boski wizerunek, pielęgnujemy w swym sercu miłość i szacunek do każdej żywej istoty, łącznie ze stwórcą wizerunku. Modląc się i wyobrażając sobie Boga w wizerunku, oczyszczamy się wewnętrznie i wznosimy do poziomu, na którym możemy widzieć i wielbić Boga we wszystkim. Taki jest cel czczenia wizerunków. Podczas gdy wszystkie symbole, które przypominają nam o świecie materialnym, ograniczają nas i więżą, symbole, które kojarzą nam się z Boskością, poszerzają naszą świadomość do nieskończoności. Wielbienie wizerunków pomaga nam widzieć Boga wszędzie, we wszystkim.

Wieczna Prawda

Pytanie: Od czego zaczęło się czczenie wizerunków?

Amma: W Satja Judze, Erze Prawdy, Prahlada, młody syn króla Hiraniakaszipu, w odpowiedzi na pytanie ojca stwierdził: „Bóg istnieje nawet w tym filarze!" Wówczas Bóg wyłonił się z filaru w postaci Narasimhy, Boskiego człowieka-lwa. Jako że wszechobecny Bóg wyłonił się z filaru, dowodząc prawdziwości słów Prahlady, możemy powiedzieć, że był to pierwszy przypadek czczenia wizerunku.

Historia Prahlady znana jest większości Hindusów. Demoniczny król Hiraniakaszipu chciał podporządkować sobie wszystkie trzy światy i upewnić się, że nigdy nie umrze. Podjął zatem ascezę w celu przypodobania się Panu Brahmanowi, Stwórcy. Brahman był bardzo zadowolony z jego ascezy. Pojawił się przed Hiraniakaszipu i zgodził się spełnić jego jedno życzenie. Demoniczny król powiedział: „Życzę sobie, żeby nie mogła mnie zgładzić żadna stworzona przez ciebie rzecz ani istota. Aby nie spotkała mnie śmierć na lądzie ani w wodzie, na niebie ani na ziemi. Abym nie umarł w pomieszczeniu ani na zewnątrz. Abym nie umarł za dnia ani w nocy. Aby nie zabił mnie mężczyzna ani kobieta, ani też niebiańskie istoty (dewy), demony (asury), czy też inne kręgowce niebędące ludźmi ani zwierzętami. Abym nie zginął od żadnej broni". Brahman pobłogosławił go, mówiąc: „Niech tak będzie!", po czym zniknął.

Lecz w czasie gdy król praktykował ascezę, w królestwie zaszły zmiany. Pod jego nieobecność niebiańskie istoty pokonały w bitwie demony. Indra, król niebiańskich istot, schwytał i uprowadził Kajadhu, ciężarną żonę Hiraniakaszipu. Po drodze spotkał mędrca Naradę. Za radą Narady zostawił Kajadhu w pustelni mędrca, a sam powrócił do niebiańskiego świata. W czasie gdy Kajadhu przebywała u Narady, mędrzec wykładał jej esencję Bhagawatam i dziecko w jej łonie słyszało jego nauki.

Ukończywszy ascezę, Hiraniakaszipu powrócił i pokonał niebiańskie istoty w bitwie. Następnie udał się do pustelni mędrca i zabrał swą żonę z powrotem do pałacu. Siła błogosławieństwa, które otrzymał od Brahmana, wzmocniła jego ego. Podbił wszystkie trzy światy. Uczynił niebiańskie istoty swymi służącymi. Prześladował mędrców i kapłanów, przeszkadzając im w *jaga jadżnia*, skomplikowanych *wedyjskich* rytuałach. Zakazał śpiewania mantr innych niż Hiraniaja Namah (mantry wychwalającej jego własną osobę).

Z czasem jego żona wydała na świat syna. Nadano mu imię Prahlada. Ponieważ Prahlada pamiętał nauki Narady, wyrósł na oddanego sługę Pana Wisznu. Kiedy nadszedł czas na rozpoczęcie edukacji, ojciec wysłał Prahladę do *gurukuli*. Po pewnym czasie, ciekawy, czego syn się nauczył, wezwał Prahladę do pałacu. Gdy tylko Prahlada się zjawił, ojciec zapytał go, jaką wiedzę zdobył. Prahlada odparł: „Pana Wisznu powinno się wielbić na dziewięć sposobów: poprzez słuchanie opowieści o Nim, poprzez wysławianie Jego imienia, poprzez pamięć o Nim, poprzez kłanianie się Mu do stóp, poprzez oddawanie mu Czci, poprzez okazywanie Mu szacunku, poprzez służenie Mu, poprzez przyjaźń z Nim i poprzez całkowite oddanie się Mu". Chłopiec nie przyswoił sobie tych nauk w szkole, lecz jeszcze będąc w łonie matki. Kiedy Hiraniakaszipu usłyszał, jak Prahlada mówi o konieczności wielbienia Wisznu, jego wroga, wpadł w taką furię, że polecił swoim żołnierzom zabić syna. Żołnierze usiłowali uśmiercić chłopca na kilka sposobów, lecz bez powodzenia. Ostatecznie Hiraniakaszipu poddał się i odesłał syna z powrotem do gurukuli, aby wykrzewiono tam z niego wszelką religijność. Lecz zamiast tego inne dzieci demonów, które usłyszały zalecenia Prahlady, zaczęły czcić Wisznu. Kiedy wieść o tym dotarła do Hiraniakaszipu, znów wpadł w furię i zapytał syna: „Jeśli oprócz mnie istnieje inny Bóg wszystkich trzech światów, gdzie niby On jest?". „Bóg jest wszędzie" - odparł Prahlada. „Czy śmiesz twierdzić, że jest on w tym filarze?" - grzmiał Hiraniakaszipu. „Tak, również i w tym filarze" - stwierdził Prahlada. W odpowiedzi na to Hiraniakaszipu z całej siły uderzył w filar pięścią. Filar rozpadł się na pół i wyłonił się z niego srogi Narasimha, Boski człowiek-lew. Stało się to przed świtem. Pan usiadł na progu pałacu, posadził sobie demonicznego króla na kolanach i zabił go, rozrywając jego klatkę piersiową za pomocą swych pazurów.

W ten sposób sprawdziły się słowa pochodzące z niewinnych ust Prahlady. Dały one początek praktyce oddawania czci Boskim wizerunkom. Wiara Prahlady była tak silna, że wierzył on, iż Bóg istniał nawet w filarze, a jego pewność była tak niezbita, że to, w co wierzył, urzeczywistniło się. Powinniśmy przyjrzeć się zasadzie, na której opiera się ta historia. Wszechmocny Bóg może przybrać każdą postać. Może posiadać atrybuty, a może być pozbawiony atrybutów, tak jak słona woda może przemienić się w słone kryształy, a kryształy mogą stać się słoną wodą.

Historia ta wyraża jeszcze jedną prawdę: o tym, że ludzkie istoty są ograniczone. Inteligencja Boga wykracza poza zrozumienie nawet najmądrzejszej i najzdolniejszej osoby na Ziemi. Zasięg ludzkiej inteligencji jest ograniczony, lecz inteligencja Boga nie zna granic.

Hiraniakaszipu sformułował swe życzenie bardzo uważnie, z intencją uniknięcia śmierci. Kiedy otrzymał błogosławieństwo, święcie wierzył, że nikt nie może go pokonać. Nie znał jednak Boga. Bóg znajdzie rozwiązanie na wszystko.

Ani za dnia, ani w nocy. Rozwiązanie: o zmierzchu. Nie w wodzie i nie na lądzie: Bóg posadził demonicznego króla na swych kolanach. Nie na zewnątrz i nie wewnątrz: usiadł na progu. Nie przez człowieka i nie przez zwierzę: przyjął postać człowieka-lwa. Nie użyto żadnej broni: zabił króla własnymi pazurami. W ten sposób Bóg, w formie Narasimhy, zgładził Hiraniakaszipu, nie naruszając żadnego z błogosławieństw danych mu przez Brahmana.

Bóg znajduje się poza zasięgiem ludzkiej inteligencji. Istnieje tylko jeden sposób, aby poznać Boga: ofiarować Mu siebie w pełni i znaleźć schronienie u Jego[4] stóp - całkowicie się Mu oddając.

Ludzie posiadają dwa rodzaje inteligencji: ego oraz zdolność rozróżniania. Zdolność rozróżniania (*wiweka*) jest czystą inteligencją. Nie ma w niej nieczystości. Jest ona jak lustro. Bóg odbija się w niej wyraźnie. Lecz tylko ci, którzy oddali się Bogu, mogą pokonać ograniczenia swego ego i poza nie wykroczyć.

Niektórzy mówią: „Czy twoje oczy widzą Boga? Ja nie wierzę w to, czego nie mogę zobaczyć!". Ale człowiek posiada wiele ograniczeń. Nasz wzrok i słuch są bardzo ograniczone. Ludzie się nad tym nie zastanawiają.

Amma mogłaby zapytać: Skoro nie widzimy prądu w przewodzie elektrycznym, czy możemy powiedzieć, że go w nim nie ma? Jeśli dotkniemy otwartego przewodu, prąd nas porazi. Tym jest doświadczenie.

Jeśli wypuścisz na wolność ptaka, aby pofrunął, będzie wznosił się coraz wyżej, aż w końcu znajdzie

---
[4] Amma mówi, że Bóg nie ma rodzaju. Lecz kiedy Amma przemawia, odnosi się do Boga w tradycyjnie przyjęty sposób, używając słowa „On".

Wieczna Prawda

się tak wysoko, że stracimy go z oczu. Czy powiemy, że ptak przestał istnieć, dlatego że go nie widzimy? Jaka logika kryje się za postanowieniem, że będziemy wierzyć jedynie w to, co uda nam się zobaczyć?

Dla sędziego świadectwa tysiąca ludzi, którzy mówią, że nie widzieli przestępstwa, nie są wystarczającym dowodem. Dowodu dostarczy jedna osoba, która powie, że była świadkiem przestępstwa. Podobnie ci, którzy twierdzą, że Bóg nie istnieje, niczego nie dowodzą. Dowód tkwi w słowach świętych, którzy doświadczyli Boga.

Pewien ateista głosił wszem i wobec, że nie ma Boga. Pewnego razu poszedł do domu przyjaciela. W domu znajdował się piękny globus. „O, jaki piękny!" - wykrzyknął. - „Kto go zrobił?". Jego przyjaciel, który był wierzący, powiedział: „Jeśli ten sztuczny model Ziemi nie mógł powstać bez stwórcy, z pewnością stworzenie prawdziwej Ziemi również wymagało Stwórcy!".

Mówi się, że nasiono zawiera w sobie drzewo. Jeśli weźmiemy do ręki nasiono i spojrzymy na nie lub ugryziemy je, nie zobaczymy drzewa. Ale jeśli włożymy je do ziemi i będziemy je pielęgnować, wyłoni się z niego pęd. Bezużytecznie jest tylko o tym rozmawiać. Musimy podjąć starania. Dopiero wtedy zbierzemy owoce.

Naukowcy wierzą w przeprowadzane przez siebie eksperymenty. Często ponoszą porażkę, lecz nie poddają się. Kontynuują eksperyment z nadzieją, że przy następnej próbie odniosą sukces.

Pomyśl, jak wiele lat potrzeba, aby zostać lekarzem czy inżynierem. Studenci nie narzekają, że tyle to trwa. Tylko dzięki temu, że kontynuują naukę z postawą oddania, są w stanie osiągnąć swój cel.

Bóg nie jest postacią, którą możemy zobaczyć za pomocą oczu. Bóg jest przyczyną wszystkiego. Jeśli ktoś cię zapyta, co powstało pierwsze, nasiono mango czy drzewo mango, co odpowiesz? Aby powstało drzewo, potrzebne jest nasiono, a aby powstało nasiono, potrzebne jest drzewo. Musi zatem istnieć odrębna przyczyna zarówno drzewa, jak i nasiona. Jest nią Bóg. Bóg jest podstawą wszystkiego, Stwórcą wszystkiego. Bóg jest wszystkim. Poznamy Go, pielęgnując w sobie szlachetne cechy i oddając Mu swe ego. Wówczas Boskość stanie się naszym doświadczeniem.

Prahlada reprezentuje najwznioślejszy rodzaj uwielbienia. Trudno byłoby znaleźć wiernego z tak wielkim oddaniem jak u Prahlady. Kiedy nie

Wieczna Prawda

udaje nam się osiągnąć tego, co sobie założyliśmy, zazwyczaj winimy kogoś innego i wycofujemy się. Ponadto gdy pojawiają się w nas wątpliwości, nasza wiara podupada. Oskarżamy Boga. Ale spójrz na Prahladę. Żołnierze ojca próbowali go zabić, wpychając go pod wodę. Wrzucili go do wrzącego oleju. Zrzucili go ze szczytu góry. Podpalili go. Wielokrotnie usiłowali go uśmiercić. Lecz przy żadnej z tych okazji wiara Prahlady nie zachwiała się ani odrobinę. Z powodu tak silnej wiary nie stała mu się żadna krzywda. Kiedy jego życie było w niebezpieczeństwie, powtarzał mantrę *„Narajana! Narajana!"*. Aby zniszczyć jego wiarę, usiłowano mu wmówić wiele rzeczy: „Wisznu nie jest Bogiem! On jest złodziejem! Nie ma czegoś takiego jak Bóg!" i tak dalej. Lecz nawet wtedy Prahlada nieustannie z uważnością powtarzał imię Boga.

Kiedy słyszymy negatywną opinię na temat danej osoby, zazwyczaj tracimy do niej zaufanie. Kiedy dotyka nas cierpienie, porzucamy wiarę. Nasze oddanie jest połowiczne. Wzywamy Boga, kiedy czegoś od Niego chcemy. W przeciwnym razie nie pamiętamy o Nim wcale. Kiedy nasze pragnienia nie zostają spełnione, nasza wiara zanika. Taki jest nasz umysł. Lecz Prahlada, pomimo trudności, które musiał pokonać, nie zachwiał się ani na moment. Jego wiara z każdym kolejnym wyzwaniem stawała się coraz silniejsza. Im więcej napotykał przeszkód, tym mocniej trzymał się stóp Boga. Tak pełne było jego oddanie. W rezultacie stał się latarnią roztaczającą swe światło na cały świat. Do dziś opowieść o jego oddaniu rozświetla tysiące serc.

Prahlada zapisał się w historii jako człowiek o niezwykłym uwielbieniu dla Boga, który urzeczywistnił prawdę o niedualności (*adwaita*). Kiedy osoba o całkowitym oddaniu dotknie jakiejkolwiek rzeczy, „zamieni się ona w złoto". Taki jest rezultat całkowitego oddania.

Uwielbienie Prahlady doprowadziło również do wyzwolenia jego ojca, Hiraniakaszipu, ponieważ ten, kto ginie z rąk Boga, osiąga pełną wolność. Oznacza to, że identyfikacja Hiraniakaszipu z ciałem została usunięta i uzyskał on wgląd w prawdziwą Jaźń (*Atmana*). Ciało nie trwa wiecznie. Za sprawą własnego doświadczenia Hiraniakaszipu zrozumiał, że tylko Jaźń jest nieśmiertelna.

Ludzie są naprawdę malutcy. Lecz czerpią oni dumę ze swej inteligencji i umiejętności, jednocześnie krytykując Boga. Bóg stanowi podstawę wszelkiej ludzkiej inteligencji. Droga do Niego prowadzi przez duchowe praktyki przekazane nam przez riszich, a jedną z tych praktyk jest oddawanie czci wizerunkom Boga.

Pytanie: W hinduizmie wielbi się trzysta milionów bóstw. Czy naprawdę istnieje więcej niż jeden Bóg?

Amma: W hinduizmie istnieje tylko jeden Bóg. Hinduizm nie tylko uczy, że istnieje jedna Najwyższa Istota, lecz głosi również, że nie ma we wszechświecie nic oprócz tej Istoty. Wszystkie formy we wszechświecie są uosobieniem Boga. Bóg jest Świadomością, która przenika wszystko. Znajduje się ona ponad nazwami i formami, lecz może też przyjąć dowolną postać, aby pobłogosławić wiernego. Może przejawić się w każdej liczbie form oraz Boskich nastrojów czy stanów. Wiatr może występować w formie łagodnej bryzy, silnego powiewu lub szalejącej wichury. Czego nie jest w stanie dokonać Wszechmocny, który kontroluje nawet wichurę? Kto potrafi opisać Jego wielkość? Tak jak powietrze może pozostawać w bezruchu lub poruszać się w postaci wiatru, a woda może zamienić się w parę lub lód, tak Bóg może przyjąć stan pozbawiony atrybutów oraz stan posiadający atrybuty. Ten sam Bóg wielbiony jest przez Hindusów w wielu postaciach i stanach, takich jak Sziwa, Wisznu, Ganesza, Muruga, Durga, Saraswati i Kali.

Upodobania różnią się w zależności od osoby. Ludzie wychowują się w różnych środowiskach i kulturach. W Sanatana Dharmie istnieje wolność wielbienia Boga w takiej postaci, jaka odpowiada czyimś gustom i mentalnym uwarunkowaniom. W ten sposób powstały w hinduizmie różne manifestacje Boga. Nie są one różnymi Bogami, lecz aspektami jednej Najwyższej Istoty.

Pytanie: Jeśli Bóg jest wszechobecny, czy potrzebne są świątynie?

Amma: Jedną z cech Sanatana Dharmy jest to, że schodzi ona do poziomu każdej osoby i pomaga jej wrastać. Ludzie mają różne samskary. Każda osoba musi być prowadzona zgodnie z jej wewnętrznymi tendencjami. Niektórzy pacjenci są uczuleni na pewne leki w zastrzykach i trzeba ich leczyć inaczej. Podobnie zanim przepisze się komuś odpowiednie metody praktyki, trzeba wziąć pod uwagę jego unikalną fizyczną i psychiczną konstrukcję. W ten sposób powstały różne tradycje. Ścieżka oddania, ścieżka bezinteresownego działania, ścieżka wielbienia Boga posiadającego atrybuty oraz Boga pozbawionego atrybutów - w taki właśnie sposób wykształciły się wszystkie te ścieżki. Łączy je jedna podstawa, a jest nią rozróżnianie pomiędzy tym, co wieczne, a tym, co ulotne.

Cel *arczany*, pieśni religijnych oraz rytuałów jest ten sam. Niewidome dziecko uczy się alfabetu za pomocą dotyku, a głuche dziecko poznaje alfabet migowy. Każdy musi praktykować według swojego poziomu zrozumienia. Świątynie są potrzebne, ponieważ przez sprowadzenie Boga do poziomu fizycznego podnosi się świadomość ludzi. Nie możemy nikogo wykluczać ani ignorować.

Mimo iż powietrze jest wszędzie, doświadczamy go bardziej w pobliżu wiatraka, czyż nie? Pod drzewem panuje szczególny chłód, którego nie odczuwamy gdzie indziej. Czujemy obecność wiatru oraz doświadczamy chłodu. Podobnie kiedy wielbimy

Boga za pomocą formy (*upadi*), która Go symbolizuje, możemy wyraźniej odczuć Jego obecność. Mimo iż słońce świeci wszędzie, w pomieszczeniu, w którym są zamknięte okiennice lub zasłonięte okna, musimy włączyć lampę, aby zrobiło się jasno. Krowa daje mleko, lecz nie otrzymamy go z jej uszu, tylko z wymion. Bóg jest wszechobecny, lecz Jego obecność odczują silniej ci, którzy w Niego wierzą. Wiara jest niezbędna. Wiara dostraja umysł. Mimo iż Bóg jest obecny w świątyni, ci, którym brakuje wiary, nie doświadczą tam Jego obecności. To wiara daje nam doświadczenie.

Amma oglądała kiedyś w towarzystwie swych indyjskich wiernych występ par tanecznych z Zachodu. Jedna z córek Ammy[5] była oburzona, ponieważ pary trzymały się podczas tańcu za ręce. „O nie! Co to za taniec?" - wykrzyknęła. - „Kobieta i mężczyzna tańczący tak blisko siebie!". Amma zapytała ją: „Czy byłabyś urażona, gdyby Sziwa i *Parwati* tańczyli tak blisko siebie?". Widzielibyśmy w tym tańcu Boskość i nic by nam w nim nie przeszkadzało. Kiedy rozmawiamy o Sziwie i Parwati, myślimy o świętości i wierze. Ich taniec byłby dla

---

[5] Amma zawsze nazywa swych uczniów i wiernych swymi dziećmi lub też córkami i synami.

Wieczna Prawda

nas podniosły. Lecz ponieważ w tym konkretnym mężczyźnie i tej kobiecie nie widzimy Boskości, ich zachowanie nam przeszkadza! Zatem umysł stanowi tu istotny czynnik. Jeśli pozostaniemy wierni swoim wierzeniom, możemy doświadczyć Boga. Wiara jest podstawą.

Świątynie, gdzie liczni ludzie modlą się w skupieniu, charakteryzują się szczególną atmosferą, której nie znajdzie się w innych miejscach. Pub czy sklep z alkoholem emanują inną energią niż biuro. Atmosfera w świątyni różni się od atmosfery pubu. W pubie tracisz zdrowie, a w świątyni zyskujesz. Miejsca kultu wypełnione są wibracjami pozytywnych myśli. Pomaga to rozdartemu umysłowi odzyskać spokój. Powietrze w wytwórni perfum jest wyjątkowe, unosi się w nim wspaniały zapach, z kolei w fabryce chemicznej jest ono zupełnie inne. Pełna uwielbienia atmosfera w świątyni oraz jej święte wibracje pomagają nam osiągnąć skupienie oraz obudzić w sobie miłość i oddanie. Świątynia jest jak lustro. W lustrze wyraźnie widzimy brud na własnych twarzach, co pomaga nam utrzymywać twarz w czystości. Podobnie wielbienie Boga w świątyni pomaga nam oczyścić nasze serca.

Wielbienie wizerunku jest pierwszym etapem oddawania czci Bogu. Świątynia oraz znajdujący się w niej wizerunek pomagają nam wielbić Boga w sposób osobowy oraz nawiązać z Nim więź. Lecz stopniowo musimy nauczyć się widzieć Boga we wszystkim. Staje się to możliwe, kiedy w świątyni oddajemy Mu cześć we właściwy sposób. Taki jest prawdziwy cel wielbienia Boga w świątyni. Pokazujemy dzieciom obrazki różnych ptaków i mówimy: „To jest papuga, to jest gołąb. Gdy dzieci podrosną, nie będą już potrzebowały obrazków, aby zidentyfikować ptaki. Obrazki są potrzebne tylko na początku.

W rzeczywistości wszystko jest Bogiem. Nie ma niczego, co można by wykluczyć.

Schody oraz piętro, na które prowadzą, są wykonane z tych samych cegieł i cementu, lecz staje się to oczywiste tylko wówczas, gdy wejdziemy na górę. A żeby tego dokonać, potrzebujemy schodów. Przykład ten ilustruje korzyści, które odnosimy z wielbienia Boga w świątyni.

Często mówi się, że można narodzić się w świątyni, lecz nie powinno się w niej umrzeć. Możemy uczynić świątynię naszym narzędziem poszukiwań Boga, lecz nie powinniśmy się do niej przywiązywać.

Wieczna Prawda

Tylko wyzwolenie od wszelkiego przywiązania pozwoli nam osiągnąć całkowitą wolność. Nie powinniśmy myśleć, że Bóg istnieje jedynie w świątynnych wizerunkach. Wszystko wypełnione jest świadomością, Najwyższą Świadomością. Nic nie jest martwe. Wielbienie może nauczyć nas kochać wszystkie istoty i służyć im, widząc w nich esencję Boga. Jest to postawa głębokiej akceptacji wszystkiego. Powinniśmy uświadomić sobie, że my sami oraz wszystko wokół nas jest Bogiem. Powinniśmy wykształcić w sobie postawę widzenia wszystkiego jako jednej istoty, widzenia wszystkiego jako siebie. Czego mielibyśmy nienawidzić, kiedy we wszystkim widzimy Boga? Świątynia i rytuały są po to, aby doprowadzić nas do tego stanu.

Ocean i jego fale wydają się od siebie odrębne, ale oba są wodą. Bransoletki, naszyjniki i pierścionki mają różny wygląd i noszone są na różnych częściach ciała, lecz w rzeczywistości wszystkie są złotem. Z punktu widzenia złota wszystkie są tym samym, nie ma między nimi różnicy. Różnią się tylko wtedy, kiedy oglądamy je z zewnątrz. Podobnie przedmioty wokół nas wydają się różnić, lecz w rzeczywistości są jednym i tym samym - Brahmanem, Absolutną Rzeczywistością. Tylko To istnieje.

Celem ludzkiego życia jest uświadomić sobie tę prawdę, doświadczyć jej. Kiedy jej doświadczysz, twoje problemy znikną, tak jak ciemność ulatnia się, kiedy wschodzi słońce.

Dzisiejsi naukowcy twierdzą, że wszystko jest energią. Riszi posunęli się o krok dalej, głosząc, że wszystko jest świadomością, Najwyższą Świadomością. Sarvam brahmamayam - „Wszystko jest Brahmanem, Najwyższą Jaźnią" - takie było osobiste doświadczenie riszich.

Lecz aby to zrozumieć, musimy porzucić ideę, że Bóg mieszka jedynie w świątynnych wizerunkach. Powinniśmy widzieć Najwyższego we wszystkim. Wielbienie Go w świątyni powinno odbywać się z zastosowaniem tej zasady. Tak naprawdę wielbimy Jaźń istniejącą w nas. Ponieważ jednak większości ludzi trudno to zrozumieć, nadajemy Najwyższemu formę wizerunku i w tej postaci Go wielbimy. Wielbiąc Boga w świątyni, powinniśmy jednocześnie budować świątynię w sobie. Wówczas będziemy widzieć Boga wszędzie. Taki jest cel oddawania czci w świątyni i tak w rzeczywistości robimy. Kiedy stajemy przed posągiem, spoglądamy na niego, a następnie zamykamy oczy. Widzimy w sobie obraz Boga, którego właśnie zobaczyliśmy w świątyni, i

Wieczna Prawda

mamy nadzieję, że gdy otworzymy oczy, ujrzymy Go we wszystkim. W ten sposób możemy wznieść się ponad formy i uświadomić sobie wszechobecność Jaźni.

Dla wielu z nas wielbienie Boga jest zajęciem na pół etatu. Potrzebujemy jednak pełnoetatowego wielbienia. Modlitwa z prośbą o spełnienie konkretnego pragnienia jest półetatowym oddaniem. Potrzebujemy natomiast oddania, które doprowadzi nas do Najwyższej Miłości. Naszym jedynym pragnieniem powinno być kochać Boga. Tylko o to powinniśmy się modlić. Powinniśmy zawsze skupiać się na Bogu. Powinniśmy widzieć Boga we wszystkim. To Bóg dał nam zdolność modlenia się. Bez Jego mocy nie potrafilibyśmy nawet unieść palca. Wielbić na pełen etat znaczy być świadomym, że to Bóg pozwala nam cokolwiek robić. W ten sposób możemy porzucić poczucie „ja", zakorzenione na płaszczyźnie ciała, umysłu i intelektu, oraz doświadczyć siebie jako wszechobecnej Świadomości.

Wielki poeta *Kalidasa* zamknął się pewnego razu w świątyni. Do drzwi zapukała Święta Matka. Zapytała: „Kto jest w środku?". W odpowiedzi usłyszała: „Kto jest na zewnątrz?". Matka powtórzyła pytanie:

„Kto jest w środku?". Kalidasa zapytał: „Kto jest na zewnątrz?". W końcu, po długiej wymianie pytań, Matka odparła: „Kali na zewnątrz!". Odpowiedź zabrzmiała: „Dasa (sługa) w środku!".

Mimo iż pytanie Matki wielokrotnie się powtarzało, Kalidasa nie ujawnił swojej tożsamości. Dopiero gdy usłyszał: „Kali na zewnątrz!", odparł: „Sługa w środku!". W tym momencie otrzymał pełną wizję Kali. Kiedy tracimy „ja", pozostaje jedynie „Ty, Bóg". Musimy porzucić nic nieznaczącą tożsamość „ja". Prawdziwe uwielbienie jest świadomością: „Ty jesteś wszystkim! To Ty sprawiasz, że możemy cokolwiek robić!". W ten sposób osiągamy wszystko i nie pozostaje już nic więcej do zrobienia.

Bóg dał nam wzrok. Bóg nie potrzebuje światła lampki oliwnej, na którą wydaliśmy dziesięć rupii! Bóg nie ma nic do zdobycia od nas. Kiedy szukamy schronienia w Bogu, jedynie my sami na tym zyskujemy. Pieniądze, które ofiarujemy w świątyni, symbolizują nasze oddanie. Pomagają one utrzymać postawę oddania. Ponadto kiedy palimy lampkę oliwną lub z masłem klarowanym, dym pochodzący z płomienia oczyszcza atmosferę. Nie powinniśmy składać ofiary, aby Bóg spełnił nasze życzenie. Nie powinniśmy widzieć w Bogu kogoś, kto przyjmuje łapówki!

Nawet najlepszej jakości nasiona nie wykiełkują, jeśli pozostaną w naszych rękach. Musimy puścić nasiona i włożyć je do ziemi. Tylko z nastawieniem oddania zbierzemy plon. Porzućmy postawę „To jest moje" lub „Moje życzenie musi się spełnić". Potrzebujemy postawy: „Wszystko jest wyłącznie Twoje. Niech się dzieje Twoja wola!". Tylko wtedy nasze uwielbienie będzie kompletne.

Wielu ludzi myśli, że oddanie oznacza, że jedynie ofiarowując coś Bogu, otrzymamy rezultat. Lecz oddanie nie powinno być rozumiane w ten sposób. W obecnej chwili wciąż znajdujemy się na poziomie umysłu i intelektu. „Jestem tym ciałem. Jestem synem lub córką tego i tego. Moje imię jest takie i takie". Te atrybuty, które dodaliśmy do swojego „ja", powinny zostać porzucone.

Ego jest jedyną rzeczą, którą stworzyliśmy sami i której sami musimy się pozbyć. Powinniśmy oddać nasze ego Bogu. Kiedy to uczynimy, pozostanie tylko to, co On stworzył. Staniemy się wtedy fletem w Jego ustach, czy też dźwiękiem Jego konchy. Aby wznieść się na poziom nieskończoności, musimy jedynie wyrzec się indywidualnego umysłu, który jest naszą własną kreacją. Kiedy koncepcje „ja" i „moje" zostaną porzucone, indywidualna osoba zniknie i będzie istnieć jedynie To, co przenika wszystko.

Nasiono nie wykiełkuje, jeśli rzucisz je na skałę. Trzeba je włożyć do ziemi. Podobnie jeśli chcemy odnieść korzyść z naszych działań i wysiłków, musimy pozbyć się ego. Powinniśmy pielęgnować w sobie postawę oddania. Wówczas, za sprawą łaski Boga, wszystko może się zdarzyć.

Powinniśmy podarować Bogu nasze umysły, lecz nie możemy po prostu wyrwać umysłu i go zaofiarować. Dlatego ofiarujemy rzeczy, do których umysł jest przywiązany, i jest to równoznaczne z ofiarowaniem umysłu. Niektórzy uwielbiają *pajasam* (słodką potrawę ryżową), więc ofiarują pajasam Bogu. A gdy następnie pajasam rozdawany jest ubogim dzieciom jako prasad (błogosławiony posiłek), służy on innemu celowi. Umysł jest najbardziej przywiązany do bogactwa. Dlatego aby uwolnić się od tego przywiązania, ofiarujemy w świątyni pieniądze. Ofiarujemy również kwiaty. Lecz tym, co naprawdę powinniśmy zaofiarować, są kwiaty naszych serc. Ofiarowanie serca jest prawdziwym oddaniem, prawdziwym uwielbieniem. To właśnie symbolizuje składanie w ofierze kwiatów.

Zamiast domagać się: „Daj mi to i tamto!", powinniśmy pragnąć Boskich cnót, takich jak miłość, współczucie i wewnętrzny spokój. Powtarzajmy mantrę, czyńmy dobro i módlmy się o łaskę Boga. Bóg da nam wszystko, czego potrzebujemy. Nie ma potrzeby prosić o konkretną rzecz.

Wielbijmy Boga z miłością. Bóg jest świadomy wszystkich naszych pragnień. Nie myślmy, że Bóg będzie wiedział wszystko tylko wówczas, kiedy Mu o tym powiemy. Prawnikowi i lekarzowi musimy powiedzieć wszystko, aby prawnik mógł dobrze poprowadzić naszą sprawę, a lekarz postawić właściwą diagnozę i zastosować odpowiednie leczenie. Ale Bóg wie wszystko, nawet jeśli Mu o niczym nie mówimy. Bóg jest wszechwiedzący. Kiedy ciężko nam na sercu, nie ma nic złego w otwarciu się przed Bogiem i zrzuceniu z siebie ciężaru. Lecz musimy zrozumieć, że to tylko początek. Stopniowo powinniśmy nauczyć się wielbić Boga bezinteresownie, bez oczekiwań. Wtedy, modląc się, będziemy jedynie prosić o miłość do Boga. Kiedy jedynym celem naszego uwielbienia stanie się wypełniać się coraz większą miłością i oddaniem, dostaniemy również wszystko inne, czego będziemy potrzebować. Skorzystamy na tym materialnie oraz duchowo. Tylko poprzez niewinną i szczerą miłość możemy zjednoczyć się z Bogiem. Powinniśmy się modlić o to zjednoczenie. Wtedy Jego łaska spłynie na nas automatycznie i wypełnią nas Boskie cechy.

Będąc w świątyni, próbujmy utrzymać całkowite skupienie na Bogu. Powtarzając mantrę, możemy okrążać świątynię. Stojąc przed świętym posągiem, zamknijmy oczy, wyobraźmy sobie boską postać i medytujmy nad nią.

Nie wystarczy jednak od czasu do czasu pomodlić się w świątyni. Powinniśmy codziennie przeznaczyć trochę czasu na medytację nad Bogiem. Powtarzajmy swą mantrę tak często, jak tylko możemy. W ten sposób zdobywamy duchową moc. Jeśli zbierzemy wodę płynącą wszystkimi odnogami rzeki i połączymy ją w jeden strumień, przybierze ona na sile. Będziemy z niej mogli nawet wytworzyć elektryczność. Gdy zamiast tracić energię na wielotorowe myślenie skupimy swą uwagę na jednej myśli, nasz umysł również nabierze mocy. Jeśli przeciętna osoba jest jak zwyczajny słup wysokiego napięcia, to osobę praktykującą duchowość można przyrównać do transformatora.

Wieczna Prawda

Musimy zrozumieć podstawowe zasady wielbienia Boga. Zamiast myśleć, że istnieje wiele różnych bóstw, powinniśmy je wszystkie widzieć jako różne postacie tego samego Boga.

Dziś coraz więcej ludzi przychodzi do świątyni. Wątpliwe jest jednak, czy duchowa kultura i świadomość ludzi rosną w tym samym tempie. Dzieje się tak, ponieważ nie ma w świątyniach żadnego zwyczaju objaśniania naszego kulturowego dziedzictwa.

W rezultacie ludzie patrzą na świątynię jako na środek do spełniania ich życzeń. Dziś kiedy ludzie uczęszczający do świątyni zamykają oczy podczas modlitwy, widzą głównie pragnienia swego umysłu. Amma nie twierdzi, że nie powinniśmy mieć pragnień, lecz kiedy umysł wypełniają pragnienia, nie zaznamy spokoju. Niektórzy chodzą do świątyni, ponieważ boją się, że jeśli nie będą wielbić Boga, przydarzy im się nieszczęście. Lecz Bóg opiekuje się nami niezależnie od modlitwy, a tym, co zyskujemy na skutek właściwego wielbienia, jest całkowita wolność od strachu.

Dziś wielbienie w świątyni opiera się na bezmyślnym naśladownictwie. Odbywa się ono bez zrozumienia kryjących się za nim zasad. Syn towarzyszy ojcu podczas wizyty w świątyni. Ojciec okrąża świątynię. Syn robi to samo. Naśladuje we wszystkim ojca. Następnie dorasta i zabiera do świątyni własnego syna. Powtarza się ta sama sytuacja. Jeśli zapytasz ich, dlaczego to wszystko robią, nie będą w stanie odpowiedzieć. A w świątyni nie ma nikogo, kto wytłumaczyłby im sens tych czynności.

Był kiedyś mężczyzna, który każdego dnia odprawiał w swej rodzinnej świątyni *pudżę* (rytualne oddawanie czci Bogu). Pewnego dnia, kiedy zaczynał pudżę, przyszedł kot i wypił mleko przeznaczone do ceremonii. Kiedy następnego dnia mężczyzna przygotowywał się do pudży, przykrył kota wiklinowym koszykiem. Wypuścił go dopiero po zakończeniu ceremonii[6].

Przykrywanie kota koszykiem przed rozpoczęciem pudży stało się jego codzienną praktyką. W ten sposób minęły całe lata. Kiedy zmarł, jego syn przejął odprawianie pudży. Kontynuował rytuał przykrywania kota koszykiem. Pewnego dnia był już gotowy do pudży, ale nie mógł znaleźć kota. Odkrył, że kot nie żyje. Nie tracąc czasu, przyniósł

---

[6] Bóg jest oczywiście obecny również w kocie. Lecz gdy wielbimy Boga w konkretnej postaci, bardzo istotne jest zachowanie zewnętrznej czystości, ponieważ zewnętrzna czystość prowadzi do wewnętrznej czystości.

kota z sąsiedniego domu i przykrył go koszykiem. Dopiero wtedy przystąpił do pudży!

Syn nigdy nie zapytał ojca, dlaczego przykrywał kota koszykiem. Po prostu bezmyślnie naśladował ojca, nie szukając przyczyny. Dziś większość ludzi w taki właśnie sposób odprawia rytuały. Nie dociekają zasad leżących u ich podstaw, lecz jedynie powtarzają zachowanie innych. Niezależnie od naszego wyznania, powinniśmy poznać cel poszczególnych rytuałów. Jest to bardzo istotne, ponieważ pomoże nam wyeliminować nic nieznaczące obrzędy. Jeśli takie rytuały wciąż są praktykowane, będziemy mogli je świadomie wyeliminować.

W świątyniach powinien panować zwyczaj tłumaczenia zasad duchowości oraz rytuałów. Świątynie powinny stać się ośrodkami pielęgnującymi w ludziach duchową kulturę. W ten sposób możemy odzyskać nasze wspaniałe dziedzictwo.

Pytanie: Po co w świątyni ofiarowuje się Bogu różne dary?

Amma: Bóg niczego od nas nie potrzebuje. Czego mogłoby brakować Panu Wszechświata? Po co słońcu świeczka?

Prawdziwą ofiarą dla Boga jest iść przez życie ze świadomością duchowych zasad. Umiar w jedzeniu i spaniu, oszczędność w słowach, niekrzywdzenie mową, niemarnowanie czasu, troska o starszych i szacunek do nich, pomoc dzieciom w zdobywaniu edukacji, w przypadku braku stałego zatrudnienia podejmowanie prac, które mogą być wykonywane w domu, i przeznaczanie części dochodu dla ubogich - wszystko to stanowi różne formy modlitwy. Kiedy w każdą naszą myśl, słowo i uczynek wkładamy właściwą świadomość, całe nasze życie przemienia się w uwielbienie. Jest to prawdziwa ofiara dla Boga. Lecz większość ludzi nie potrafi tego zrozumieć, ponieważ nie poznali oni znaczenia pism. W dzisiejszych czasach jest niewiele miejsc, gdzie naucza się Sanatana Dharmy. Istnieje wiele świątyń i pracuje w nich wiele osób, lecz powinniśmy poczynić starania, aby wiedza i kultura mogły być tam przekazywane ludziom. Wierni bardzo by na tym skorzystali. Skutki tego niedostatku można zaobserwować w dzisiejszym społeczeństwie.

Wieczna Prawda

Dobrze jest ronić łzy przed Bogiem podczas modlitwy, niezależnie od naszych intencji. Doprowadzi nas to do najwyższego dobra. Niemowlak nie potrafi wyraźnie powiedzieć „tata", ale ojciec rozumie, co dziecko ma na myśli. Wie, że błąd dziecka wynika z jego niewiedzy. Bóg słyszy nas niezależnie od tego, jak się modlimy. Bóg patrzy tylko na nasze serca. Nie potrafi odwrócić się od naszych szczerych modlitw.

Kiedy słyszymy o składaniu ofiar w świątyni, często przychodzi nam na myśl pajasam i inne rzeczy ofiarowane bóstwom podczas pudży. Niektórzy pytają: „Jak możemy ofiarować Bogu słodycze, kiedy biedni ludzie głodują?". Lecz tak naprawdę żadne z tych bóstw nie zjada pajasamu. To my go konsumujemy po pudży. Wierni dzielą się ofiarowanym pajasamem z ubogimi i dziećmi. Zadowolenie obdarowanych jest ich błogosławieństwem. Mimo iż sami lubimy pajasam, nasze serca rosną, kiedy dzielimy się nim z innymi. Z tej ekspansji serca czerpiemy ogromną radość. To jest prawdziwa łaska, jaką otrzymujemy, składając ofiary w świątyni.

Wszystko robimy po to, aby zaskarbić sobie łaskę Boga. Powinniśmy zatem traktować swoje czyny jako ofiarę dla Niego. Rolnik modli się przed posianiem nasion, ponieważ ludzkie możliwości zawsze są ograniczone. Aby czynność została ukończona i przyniosła owoce, potrzebna jest łaska Boga. Rolnik sieje ryż, który następnie rośnie i wydaje plon. Lecz jeśli tuż przed zbiorami przyjdzie powódź, plony ulegną zniszczeniu. Każda czynność zostaje ukończona wyłącznie dzięki łasce Boga. Dlatego nasi przodkowie najpierw wszystko ofiarowali Bogu, a dopiero później podejmowali działania. Tę tradycję przekazali nam. Nawet gdy jemy, pierwszy kęs ofiarujemy Bogu. Wzmacnia to postawę oddania i sprawia, że nie traktujemy już życia jako swej własności, lecz jako coś, czym należy dzielić się z innymi. Jest to również proces powierzania Bogu wszystkiego, do czego jesteśmy przywiązani.

Każdy z nas doskonale zna odpowiedź na pytanie, do czego jest najbardziej przywiązany. Najbardziej ze wszystkiego cenimy majątek. Kiedy dom rodzinny zostaje podzielony, nie zawahamy się podać do sądu nawet własnej matki, jeśli nasz przydział okazał się o dziesięć palm kokosowych mniejszy niż naszego rodzeństwa. W Indiach, zanim mężczyzna ożeni się z kobietą, bierze się pod uwagę nie tylko historię jej rodziny, lecz również rodzinny majątek. Wyjątki są tak rzadkie, że można je niemalże policzyć na palcach jednej ręki. Majątek stanowi główny przedmiot przywiązania naszego umysłu, dlatego trudno nam się od niego odwiązać. Prostym sposobem na uczynienie tego jest powierzenie umysłu Bogu. Kiedy ofiarujemy Bogu swój umysł, oczyszczamy go. Ofiarując Bogu rzeczy, które są nam drogie, ofiarujemy Mu własny umysł.

Niektórzy mówią, że *Kryszna* uwielbiał pajasam. Ale Kryszna sam jest słodyczą! - słodyczą miłości. Lubimy pajasam i dlatego ofiarujemy go Krysznie, wierząc, że on też naprawdę za nim przepada. Lecz Pan jest w swej esencji miłością i najbardziej smakuje mu pajasam naszych serc, nasza miłość.

Pewien wierny kupił dużo winogron, jabłek i innych słodkości, a następnie złożył je w swym pokoju do pudży jako ofiarę dla Pana. „Panie" - powiedział - „Kupiłem Ci tak wiele rzeczy: jabłka, winogrona i słodycze! Czy jesteś zadowolony?".

Usłyszał głos, który powiedział: „Nie, te rzeczy mnie nie satysfakcjonują".

„Och, Panie, powiedz mi, co by Cię zadowoliło! Kupię to dla Ciebie".

„Jest taki kwiat zwany kwiatem umysłu. Tego chcę".

„Gdzie go znajdę?".
„W najbliższym domu".
Wierny udał się prosto do najbliższego domu, lecz sąsiedzi nie mieli tego kwiatu. Obszedł wszystkie domy w wiosce. Każdy udzielił mu tej samej odpowiedzi: „Nie widzieliśmy ani nie słyszeliśmy o tym kwiecie". W końcu wierny powrócił do Pana, skłonił się przed Nim i powiedział: „Panie, wybacz mi, proszę! Szukałem w całej wiosce, ale nie znalazłem kwiatu, którego pragniesz. Mogę Ci jedynie zaofiarować swoje serce!".

„To jest właśnie kwiat, o który prosiłem, kwiat twego umysłu. Dotychczas ofiarowałeś mi rzeczy stworzone z mojej mocy. Bez mojej mocy nie możesz nawet podnieść ręki. Wszystko na świecie jest moją kreacją. Lecz istnieje jedna rzecz, którą stworzyłeś sam: postawa „ja" (ego). To właśnie powinieneś mi ofiarować. Twój niewinny umysł jest kwiatem, który przedkładam ponad wszystko inne".

Kiedy zrozumiemy Boskie prawdy, przejawią się w nas Boskie cechy. Amma przypomina sobie dawne czasy. Przed wyruszeniem na pielgrzymkę do Szabarimali wieśniacy gotowali kaszkę ryżową i specjalne curry warzywne, a następnie karmili nimi każdego, kto do nich przyszedł. Zanim postawili sobie na głowach specjalne torby pielgrzymkowe, rozdawali dzieciom monety. Kiedy sprawiamy innym radość, na przykład karmiąc biednych lub dając dzieciom drobne na cukierki, odnosimy z tego ogromną satysfakcję. Miłość i dobroć, które okazujemy innym, powracają do nas w formie łaski.

Ktoś może zapytać, dlaczego powinniśmy ofiarować Bogu kwiaty. Lecz nie jest to wyłącznie rytuał. Akt ten posiada również praktyczny aspekt. Wielu ludzi uprawia kwiaty na ofiarę dla Boga. Ci, którzy je zbierają, i ci, którzy je sprzedają, mogą się dzięki temu utrzymać. Z kolei kupujący cieszą się, że mogą je zaofiarować Bogu. Zatem kwiaty, które dziś kwitną, a jutro zwiędną, zapewniają wielu ludziom utrzymanie, a tym, którzy składają je w ofierze, przynoszą satysfakcję. Ofiarowanie kwiatów sprawia również, że szanujemy je i dbamy o te rosnące na polach i łąkach. Na wszystko powinniśmy patrzeć również pod kątem praktycznym. Możemy zapytać: „Czy girlanda wykonana z materiału nie jest lepsza niż girlanda z kwiatów?". Takie girlandy też są dobre i zapewniają utrzymanie wielu ludziom, a nie niszczą się tak szybko. Prawdziwe kwiaty dziś rozkwitają, a jutro więdną. Girlandy z materiału są bardziej użyteczne.

Ofiara pieniężna w świątyni nie jest łapówką. Symbolizuje ona naszą miłość do Boga. Dać komuś coś, co sami kochamy, jest oznaką miłości. Miłość wyrażana w praktyce to dobroć. Kochamy Boga, lecz tylko kiedy ofiarujemy Mu coś, nasza miłość przekształca się we współczucie dla świata. Tylko ci, którzy w ten sposób postępują, otrzymają łaskę Boga.

Zazwyczaj słuchamy osoby, którą najbardziej kochamy. Kobieta prosi ukochanego o zaprzestanie palenia. Jeśli mężczyzna naprawdę ją kocha, porzuci ten zły nawyk. To jest miłość. Kiedy natomiast kłóci się z ukochaną i pyta, dlaczego miałby jej słuchać, nie ma tu miłości. W miłości nie istnieją dwie odrębne istoty. Amma widziała wiele osób rzucających złe nawyki w ten właśnie sposób. Mówią: „Ona nie lubi, kiedy piję! Nie podobają jej się ubrania, które noszę!". Możesz zapytać, czy nie jest słabością dostosowywać się do naszych bliskich. Ale miłość nie zna słabości. Miłość nie będzie kompletna, jeśli wkradną się do niej rozsądek i logika. W miłości istnieje tylko miłość. Nie ma tu miejsca dla logiki.

Ci, którzy szczerze kochają Boga, porzucą złe nawyki. Nie zrobią niczego, co nie spodobałoby się Bogu. A jeśli popełnią błąd, z całych sił będą starali

Wieczna Prawda

się go naprawić. Odkładają pieniądze, które wcześniej wydawali na złe nawyki i luksusy, a następnie przeznaczają je na pomoc potrzebującym, ponieważ służba ubogim jest prawdziwą formą wielbienia Boga. Zaczynają ograniczać zużycie wszystkiego do ilości, jaka jest im naprawdę potrzebna. Porzucają pragnienie gromadzenia, a także myśli o wzbogaceniu się kosztem innych. W ten sposób podtrzymują równowagę i harmonię w społeczeństwie.

Dziś bardziej od ćwiczenia logiki potrzebujemy zdrowego rozsądku. Przyniesie on korzyść każdemu. Istnieje powiedzenie, że kłamstwo powoduje ślepotę. Nasz intelekt wie, że gdyby tak było, po świecie chodziliby sami ślepi ludzie. Lecz jeśli powiesz dziecku, że kłamstwo powoduje ślepotę, strach powstrzyma je przed kłamstwem. Przypuśćmy, że zawołasz dziecko, które ogląda telewizję, słowami: „Chodź tu, damy ci nieśmiertelność!". Dziecko odrzuci twoją ofertę, mówiąc, że zadowala je oglądanie telewizji. Lecz jeśli powiesz mu: „Uciekaj! Pali się!", natychmiast wybiegnie z domu. Takie słowa pobudzą je do działania. Nie ma to nic wspólnego z intelektem. Słowa są po prostu praktyczne. Wiele praktyk może wydawać się nieistotnych lub zabobonnych, lecz kiedy przyjrzymy się im uważnie, zobaczymy, że odnosimy z nich wiele praktycznych korzyści. Umysł jest bardzo ograniczony, niedojrzały i dziecinny, a te praktyki prowadzą go we właściwym kierunku.

Niemowlę karmione piersią nie trawi jeszcze mięsa. Rozchorowałoby się od niego. Niemowlakowi można podawać tylko prosty pokarm. Tak samo w duchowości musimy zejść do poziomu poszczególnych osób i zapewnić im właściwe prowadzenie. Zasady duchowe powinny być tłumaczone w sposób odpowiadający fizycznej, psychicznej i intelektualnej konstrukcji człowieka. W Sanatana Dharmie nauki wyjaśniane są na wiele sposobów, tak aby dotrzeć do każdego. Dlatego pewne elementy Sanatana Dharmy mogą wydawać się niektórym prymitywne, a nawet groteskowe. Lecz kiedy je przeanalizujemy, okażą się bardzo praktyczne. Nie byłoby błędem powiedzieć, że praktyczność jest podstawą Sanatana Dharmy.

Pytanie: Obserwujemy, że do ozdabiania świątynnych wizerunków używa się kosztownej biżuterii.

Wieczna Prawda

Jak takie luksusowe przedmioty mogą iść w parze z uwielbieniem i duchowością?

Amma: Złoto i srebro używane do ozdabiania wizerunków Boga nie są własnością poszczególnych osób. Należą one do całego społeczeństwa. To bogactwo przechowywane jest w świątyni. Czyż większość z nas nie kupuje złotej biżuterii i nie trzyma jej w domu? Docenianie piękna jest częścią naszej natury. Lubimy wszystko, co piękne. Dlatego ludzie noszą biżuterię i kolorowe ubrania. Lecz zamiłowanie do zewnętrznych przedmiotów rodzi przywiązanie. Wzmacnia ono poczucie, że jesteśmy ciałem. Jeśli natomiast przeniesiemy nasze uwielbienie piękna na Boga, wzrośnie nasza świadomość. Kiedy dekorujemy wizerunek Boga, obcujemy z pięknem, które jest Boskie. W ten sposób nasze umysły skupiają się na Bogu. Nawet bez ozdób Bóg stanowi kwintesencję Piękna. Lecz zazwyczaj dostrzegamy to piękno jedynie w określonych symbolach i atrybutach. Dlatego dekorujemy wizerunki Boga, robiąc to według własnych wyobrażeń Jego postaci.

W dawnych czasach król był panem całego kraju. Ale Bóg jest Władcą całego wszechświata. Ludzie patrzyli na Boga w ten sam sposób, w jaki postrzegali króla. Wierzyli, że tak jak król zapewniał swym poddanym wszystko, czego potrzebowali, tak samo Bóg zapewnia wszechświatowi wszystko, co niezbędne. Myśleli o Bogu jako o królu królów. Dlatego dekorowali wizerunki Boga w królewskim stylu i sprawiało im to radość.

Garnek pełen złota nie potrzebuje żadnych ozdób. Bóg też ich nie potrzebuje. Bóg jest Pięknem wszelkiego piękna. Lecz mimo to dekorowanie Boskich posągów i podziwianie ich napawa wiernych radością i tworzy w ich sercach pozytywną atmosferę. Ozdoby potęgują uwielbienie.

Zamiłowanie do piękna w przedmiotach zewnętrznych pozostanie w nas, dopóki nie osiągniemy stanu *dźiwanmukta*. Ludzie szukają piękna wszędzie. Pragną stać się najbardziej czarującą kobietą czy najprzystojniejszym mężczyzną. Jako że Bóg stanowi doskonałe Piękno, co złego jest w pragnieniu ujrzenia Go (czy Jego wizerunku) w pięknej postaci? Bóg jest wszechobecną Świadomością. Wierni wiedzą, że Bóg istnieje wszędzie, wewnątrz i na zewnątrz. Mimo to, będąc wiernymi, naturalnie pragną ujrzeć Jego urzekającą postać na własne oczy i napawać się jej pięknem.

Wieczna Prawda

„Jego usta są cudowne, jego twarz jest cudowna, jego oczy są cudowne, jego uśmiech jest cudowny, jego serce jest cudowne, jest chód jest cudowny - wszystko w naszym Panu Mathury jest cudowne!".

W ten sposób wierny widzi piękno we wszystkim, co związane z Bogiem, i próbuje cieszyć się tym pięknem za pomocą wszystkich zmysłów: Jego postacią za pomocą oczu, Jego Boskim śpiewem za pomocą uszu, błogosławionym przez Niego pożywieniem za pomocą języka, Jego pięknym zapachem za pomocą nosa, a specjalnymi maściami (takimi jak pasta sandałowa) za pomocą dotyku. Każdy ze zmysłów może zostać użyty, aby w pełni skupić umysł na Bogu.

Bóg jest sam w sobie doskonałą pełnią, czy pojawia się w postaci króla, czy żebraka. My przyozdabiamy Go jedynie według własnych wyobrażeń. Boga nie da się zawęzić do naszych ograniczonych koncepcji, ani też niczego On od nas nie pragnie. Bogu nie sprawia różnicy, czy udekorujemy Jego wizerunek, czy nie. Żadna z kosztownych rzeczy ofiarowanych Mu przez wiernych nie ma Niego wpływu. Są to jedynie ozdoby, zwykłe dodatki, które cieszą oczy wiernych.

Amma przypomina sobie w tym kontekście opowieść o Śri *Ramie*. Zapadła decyzja, aby ogłosić Ramę następcą tronu. Trwały przygotowania do ceremonii. Lecz nagle sprawy przyjęły niespodziewany obrót i Rama został wygnany do lasu. Wyruszył tam bez cienia rozczarowania. Gdyby chciał, mógłby zostać królem - ludzie wstawiliby się za nim - lecz mimo to odszedł i nigdy nie żałował swej decyzji, ponieważ nie był do niczego przywiązany. Taki właśnie brak przywiązania powinniśmy osiągnąć poprzez wielbienie Boga.

Złodziej, który został pojmany, jest otoczony policją. Premiera również otacza policja. Lecz w przypadku premiera policja znajduje się pod jego kontrolą. Jeśli ma ochotę, może odesłać policjantów. Natomiast w przypadku złodzieja to policja sprawuje kontrolę nad nim. Bóg jest jak premier. Ma kontrolę nad wszystkim. Nie zmienia się to niezależnie od formy, jaką przyjmuje. Kiedy Bóg przejawia się na Ziemi w ludzkiej postaci, zachowuje się jak człowiek, ponieważ chce dać światu dobry przykład. Lecz nie wiąże Go to w żaden sposób. Jest On jak masło w wodzie czy jak dojrzały orzech w łupinie. Nie odczuwa przywiązania, ani też nic nie może do Niego przylgnąć.

Wieczna Prawda

Pytanie: Podczas *homy* (świętego rytuału ognia), prosząc Boga o łaskę, spala się w ogniu ofiarnym substancje takie jak miód i masło klarowane. Czy właściwe jest w ten sposób marnować rzeczy? Mówi się, że w ogień wrzucanych jest wiele kosztownych produktów. Co Amma o tym sądzi?

Amma: Amma nie pochwala spalania drogich materiałów. Jeśli ktoś to robi, może chcieć w ten sposób usunąć przywiązanie umysłu do tych rzeczy. Lepiej jednak byłoby dać je komuś w prezencie niż wrzucać do ognia. Skorzystaliby na tym ubodzy i to wydaje się Ammie bardziej logiczne.

W homie jednak wiele rzeczy posiada ukryte znaczenie. Rzeczywistą ofiarę stanowi tu ego. Ego jest kreacją umysłu, a homa symbolizuje oddanie umysłu Bogu. Ofiarujemy materiały, które reprezentują nasze zmysły, ponieważ zmysły rodzą w umyśle przywiązanie. Aby otrzymać łaskę Boga, nie trzeba odprawiać rytuałów, w których wrzuca się w ogień różne przedmioty. Wystarczy czynić dobro. Wystarczy kochać i służyć innym. Łaska Boga przyjdzie do tych, którzy w ten sposób postępują.

Patrząc na to inaczej, materiały ofiarowane podczas homy tak naprawdę nie marnują się. Ceremonie takie jak homa zostały opisane w części *Wed* dotyczącej rytuałów. Niektóre korzyści tych obrzędów udowodniono naukowo. Homa przynosi pożytek naturze. Kiedy masło klarowane, kokos, miód, sezam, trawa karuka oraz inne składniki spalane są w ogniu, unoszący się dym oczyszcza atmosferę. Dezynfekuje on bez użycia chemikaliów. Ci, którzy wdychają pachnący dym z homy, również odnoszą korzyści.

Nasi przodkowie rozniecali ogień, pocierając o siebie kawałki drewna. Nie zanieczyszczało to powietrza tak, jak robią to zapałki. Paląc ogień o świcie i siedząc przy nim w wygodnej pozycji, osiągamy skupienie umysłu. Nasze myśli wyciszają się. Napięcie umysłu ustaje. Kiedy siedzimy przy ogniu, ciało poci się i wydala nieczystości. Wdychamy zapach palącego się masła klarowanego i kokosa, co jest korzystne dla zdrowia. Jednocześnie dym oczyszcza atmosferę. Wszystkie praktyki i rytuały przekazane nam przez przodków miały na celu nie tylko wewnętrzne oczyszczenie, lecz również utrzymanie harmonii w przyrodzie. Żaden z tych obrzędów nie szkodził środowisku.

Wieczna Prawda

W dawnych czasach w większości domów istniał zwyczaj palenia o zmierzchu lamp oliwnych. Płonące w lampie z brązu knoty zanurzone w oleju pomagają oczyścić atmosferę. Jako dziecko Amma widziała, jak dym z takich lamp był zbierany do miski. Kobiety mieszały sadzę z sokiem z limonki, a kiedy na świat przychodziło dziecko, smarowano miksturą jego oczy. Usuwało to zarazki spod jego powiek bez żadnych skutków ubocznych. Taki dym bardzo się różni od dymu z lampy naftowej.

Większość zwyczajów praktykowanych w dawnych czasach sprzyjała naturze. W przeszłości, kiedy dzieci otrzymywały szczepionkę, ich matki przykładały w miejsce zastrzyku krowie łajno, aby przyspieszyć gojenie. Gdybyśmy postąpili tak dzisiaj, w ranę wdałaby się infekcja. Tak nieczyste stało się krowie łajno. To, co kiedyś było lekarstwem, dziś jest trucizną. Dawniej w rolnictwie nie używało się toksycznych substancji. Nawozem były jedynie liście i krowie łajno. Lecz dziś większość rolników używa sztucznych nawozów i pestycydów. Sianem z tych gospodarstw karmi się krowy i dlatego ich łajno jest toksyczne. Przyłożenie takiego łajna do rany byłoby niebezpieczne. Tak zanieczyszczona stała się natura.

Amma nie twierdzi, że użycie sztucznych nawozów nie przynosi korzyści ekonomicznych. Z pomocą tych substancji otrzymujemy przez pewien czas bardziej obfite plony. Lecz z drugiej strony one nas zabijają. Możemy myśleć, że bogatsze zbiory rozwiążą problem głodu, lecz zapominamy, że kiedy ludzie spożywają warzywa i zboża uprawiane z użyciem toksycznych nawozów, liczne komórki w ich ciałach umierają.

Nie traktujemy poważnie ukłucia cienką igłą, lecz gdyby ktoś ciągle nas kłuł, mogłoby się to skończyć śmiercią. Spożywanie toksycznych substancji prowadzi do podobnych konsekwencji. Wszystkie nasze komórki są w trakcie umierania. Dopiero gdy podupadniemy na zdrowiu, zrozumiemy powagę tej sytuacji. Za pośrednictwem pożywienia, wody i powietrza konsumujemy liczne trucizny. Powodują one choroby i prowadzą nas w szybkim tempie do śmierci.

Nie zdajemy sobie sprawy, że wiele rzeczy, które robimy dziś w imię higieny, przynosi negatywne skutki. Ludzie używają w domach chemicznych środków czystości. Lecz nawet wdychanie zapachu wielu z tych substancji jest szkodliwe dla zdrowia. Zabijają one również pożyteczne mikroorganizmy.

Wieczna Prawda

Kiedy z kolei odprawiamy homę, materiały spalane w ogniu zabijają zarazki i oczyszczają powietrze. Żadne z tych materiałów nie wpływają na nas negatywnie.

W dzisiejszych czasach do zabijania mrówek używa się trujących chemikaliów. Szkodzą one nie tylko mrówkom, ale również naszym komórkom. Lecz kiedy wdychamy pachnące powietrze unoszące się nad ogniem homy, nasze komórki regenerują się i uzdrawiają. Ogień ten wpływa korzystnie nie tylko na ludzi, lecz także na inne żyjące w przyrodzie istoty.

Dawniej jako środka na przeczyszczenie ludzie używali oleju rycynowego. Nie był on w ogóle szkodliwy. Dziś wielu ludzi używa w tym celu rozmaitych pigułek. Zawarte w nich substancje działają przeczyszczająco, lecz jednocześnie niszczą pożyteczne bakterie w ciele i powodują inne skutki uboczne. Pomimo tej wiedzy wiele osób uważa korzystanie z tych środków za wygodne. Ludzie cenią sobie wygodę, nie myśląc o konsekwencjach.

W dawnych czasach ludzie w każdej swej czynności brali pod uwagę naturę. Z takiej postawy zrodziła się homa. Amma nie sugeruje, że każdy powinien odprawiać homę. Wystarczy przeznaczać pieniądze na działalność charytatywną. Oprócz tego sadźcie drzewa! Oczyści to atmosferę i pomoże naturze.

Pytanie: Czy istnieje jakakolwiek korzyść ze śpiewania pieśni religijnych, modlenia się, recytowania mantr i tym podobnych praktyk? Czy nie lepiej byłoby przeznaczyć ten czas na zrobienie czegoś pożytecznego dla świata?

Amma: Wielu ludzi śpiewa romantyczne piosenki. Co by powiedzieli, gdybyśmy zapytali: „Jaki jest w tym sens? Czy nie lepiej byłoby zrobić zamiast tego coś pożytecznego dla świata?". Czy nie jest prawdą, że tylko ci, którzy odnoszą z czegoś korzyści, mogą to zrozumieć? Ludzie lubią słuchać zwykłych piosenek. Kiedy wierny słyszy w piosence imię Boga, zapomina o całym świecie i jednoczy się z Bogiem. Zwyczajne piosenki są przyjemne, ponieważ wyrażają one emocje dotyczące relacji międzyludzkich. Słuchacze pogrążają się w tych emocjach i czerpią z nich radość. Lecz w przypadku pieśni religijnych zarówno śpiewający, jak i słuchacz doświadczają wewnętrznego spokoju.

Muzyka dyskotekowa wzbudza wiele emocji. Słuchanie romantycznych piosenek wprawia nas w miłosny nastrój i wywołuje określone myśli i uczucia. Pieśni religijne przypominają nam natomiast o naszej więzi z Bogiem. Zamiast emocji budzą w nas Boskie cechy. Emocje ulegają wyciszeniu, przynosząc spokój śpiewającemu i słuchaczom.

Amma nie potępia zwykłych piosenek. Sprawiają one przyjemność wielu osobom. Na świecie żyją różni ludzie. Wszystko ma znaczenie w zależności od poziomu danej osoby. Dlatego Amma niczego nie odrzuca.

Kiedy wielbimy Boga, czerpiemy z tego wiele korzyści. Pieśni religijne i modlitwy tworzą pozytywne wibracje w nas oraz w naszym otoczeniu. Nie ma w nich złości ani innych negatywnych emocji, ponieważ nastrajają nas one przyjaźnie do całego świata. Podczas modlitwy w umyśle wiernego uruchamia się proces kontemplacji. Dziecko powtórzy słowo dziesięć razy, zapamięta je i zapisze sobie w sercu. Podobnie gdy śpiewamy pieśni religijne i nieustannie wychwalamy Boga, utrwala się to w naszych sercach i wzbogaca nasze życie.

Śpiewanie religijnych pieśni uszczęśliwia i relaksuje umysł. Aby doświadczyć tego szczęścia w pełni, musimy wykształcić w sobie postawę: „Jestem niczym. Ty Boże jesteś wszystkim!". To jest prawdziwa modlitwa. Nie jest łatwo rozwinąć w sobie taką postawę. Aby rozproszyć ciemność, musi wzejść słońce. Nasze uwielbienie rozkwitnie w pełni tylko wtedy, gdy zaświta w nas wiedza. Nie musimy jednak czekać tak długo. Wystarczy, że przyjmiemy właściwe nastawienie i będziemy konsekwentnie posuwać się do przodu.

Nie powinniśmy zapominać, że siłę daje nam Bóg. Nawet nasz następny oddech nie zależy od nas. Schodzimy ze schodów, mówiąc: „Zaraz będę na dole" - a przecież słyszymy o ludziach, którzy dostali zawału w trakcie jakiejś czynności. Musimy więc przyjąć nastawienie, że jesteśmy jedynie narzędziami w rękach Boga.

Nie powinniśmy modlić się ani śpiewać pieśni religijnych tylko po to, aby zaspokoić swe pragnienia. Wielu traktuje modlitwę jako środek do spełniania życzeń. Modlitwa ma na celu obudzenie w nas pozytywnych cech oraz dobrych wibracji. Jeśli będziemy żyć tylko po to, aby zaspokoić swe pragnienia, wzrosną kradzieże, morderstwa i gwałty.

Wieczna Prawda

Dzięki istnieniu policji oraz szacunku, jaki instytucja ta budzi w ludziach, liczba przestępstw utrzymuje się na niskim poziomie. Lecz tak naprawdę to miłość pomaga ludziom pozostać na właściwej ścieżce - miłość oraz uwielbienie dla Boga. Jest to praktyczny sposób na utrzymanie harmonii w społeczeństwie. Modlitwa idąca w parze z pozytywnym myśleniem tworzy dobre wibracje. Modlitwa, której towarzyszy negatywne myślenie, tworzy złe wibracje. Wibracje wokół modlącej się osoby zależą od natury jej modlitwy. Jeśli ktoś modli się o szkodę dla wroga, jego wibracje są wypełnione gniewem i świat otrzyma od niego gniew. Wibracje, które modlący się posyła w świat, zgodne są z intencją jego modlitwy.

W zależności od tego, czy ktoś myśli o swojej matce, żonie czy dzieciach, powstają w nim różne emocje. Kiedy wspomina matkę, wypełnia go matczyna miłość i czułość. Myśli o żonie mogą w nim wywołać uczucie małżeńskiej sympatii oraz jedności serc. Myśląc o dzieciach, odczuwa miłość rodzicielską. Wszystkie te uczucia istnieją w umyśle i powodują różne wibracje. Ponieważ wibracje zależą od stanu umysłu, powinniśmy zadbać o to, aby naszym modlitwom zawsze towarzyszyły pozytywne myśli. Tylko wtedy nasze modlitwy przyniosą korzyść nam oraz społeczeństwu. Modlitwa połączona z dobrymi myślami, pozbawiona złości i mściwości, nie tylko usuwa mentalne napięcie, lecz również tworzy pozytywną atmosferę zarówno wewnątrz, jak i na zewnątrz nas.

Myśli są jak choroba zakaźna. Jeśli zbliżymy się do chorego z gorączką, my również możemy nabawić się gorączki, ponieważ jego zarazki mogą się na nas przenieść. Jeśli udamy się do miejsca, w którym produkuje się perfumy, nasze ciało przesiąknie ich zapachem. Tak samo gdy wielbimy Boga, nasiąkamy pozytywnymi wibracjami, pod warunkiem, że nasze serce jest otwarte. Odczuwamy wówczas radość i przypływ energii. Jeśli natomiast umysł wypełniają negatywne myśli, nie odniesiemy korzyści z modlitwy.

Nawet w duchowym środowisku zainteresowania ludzi często ograniczają się do płaszczyzny zmysłów. Dlatego niektórzy nie odczuwają łaski duchowych mistrzów, do których się udają, nawet jeśli mistrzowie udzielają im błogosławieństw. Żaba żyjąca pod kwiatem lotosu nie jest świadoma kwiatu ani nie może cieszyć się jego zapachem. Nawet pod wymionami pełnymi mleka komary lgną jedynie do krwi.

Niektórzy nie zauważają zmian, jakie zachodzą w ludziach praktykujących duchowość. Widzą oni we wszystkim wyłącznie wady. Krytykują hinduizm, wskazując na zwierzęce ofiary składane dawniej w imię religii. Słuchając ich, można odnieść wrażenie, że hinduizm polega wyłącznie na ofiarowaniu zwierząt! Dawniej, kiedy proszono ludzi o ofiarowanie zwierzęcia w sobie (ego), niektórzy z racji swej niewiedzy ofiarowali zamiast tego żywe zwierzęta. Lecz czy w dzisiejszych czasach nie obserwujemy ludzi utrzymujących, że znają Prawdę, i jednocześnie składających w ofierze ludzkie życia? Zauważmy, jak wielu jest zabijanych w imię religii i polityki! Twierdzimy, że wznieśliśmy się ponad swoich przodków, lecz nie jest to prawdą. Postępy, które poczyniliśmy, prowadzą nas w rzeczywistości ku upadkowi. Aby to zrozumieć, musimy ujrzeć sytuację w pełnej perspektywie. Musimy zobaczyć ją z lotu ptaka, ponieważ z dołu widzimy jedynie niewielki jej wycinek.

Większość ludzi popiera tę lub inną partię. O wyborze partii może zadecydować atrakcyjność lidera - jego życie, ideały i poświęcenie. Przyjmując te ideały, zwolennicy zaczynają pracować dla partii. Byłoby jednak lepiej, gdyby zamiast tego przyjęli ideały duchowe, ponieważ nie ma w nich złości, mściwości ani samolubstwa. Gdzie znajdziemy wyższe ideały niż te z Bhagawad Gity?

Niektórzy mogą zapytać: „Czy Kryszna nie mówi w Gicie, że powinniśmy wyrzec się wszystkiego i pracować bez wynagrodzenia?". Lecz nikt nie zastanawia się, dlaczego Pan tak powiedział. Kiedy ziarna zostają posiane, mogą one wykiełkować, ale nie muszą. Jeśli nie będzie deszczu, możesz wykopać studnię i uzyskać wodę do irygacji, lecz niezależnie od swoich starań nie będziesz w stanie przewidzieć, czy zbiory się udadzą. Tuż przed zbiorami może przyjść wielka burza lub powódź i plony ulegną zniszczeniu. Taka jest natura świata. Jeśli potrafimy to zaakceptować, możemy żyć bez żalu. Dlatego właśnie Kryszna powiedział: „Wykonuj swą pracę. Rezultat jest w rękach Boga. Nie martw się o niego!". Niezależnie od tego jak bardzo będziemy się starać, jeżeli chcemy zebrać pozytywne owoce swych działań, potrzebujemy łaski Boga. Tego nauczał Kryszna, nie zaś że nie powinniśmy oczekiwać ani przyjmować wynagrodzenia za pracę.

Wieczna Prawda

Jeśli szczerze wierzysz, że zamiast chwalić Boga w pieśni, modlić się lub śpiewać Jego imiona wystarczy czynić dobro na świecie, wówczas rzeczywiście to wystarczy. Bóg nie jest postacią siedzącą w niebie. Bóg istnieje wszędzie. Stwórca i stworzenie nie są od siebie odrębni. Złoto i złoty łańcuch nie różnią się od siebie - łańcuch wykonany został ze złota. Bóg znajduje się w nas, a my w Nim. Najwspanialszą rzeczą jest widzieć Boga we wszystkich ludzkich istotach i wielbić je. Ale umysł musi przyjąć tę postawę w stu procentach. Nie jest łatwo działać w sposób całkowicie bezinteresowny. Samolubstwo wdziera się bez naszej wiedzy i nasze działania nie przynoszą pożądanych rezultatów.

Niektórzy mówią: „Nie traktujmy ludzi w kategoriach przełożonych i podwładnych. Wprowadźmy równość!". Lecz jak wielu przełożonych zechce włączyć podwładnych do swej klasy społecznej? Czy przywódca, który mówi o prawach pracowników, odstąpi swe stanowisko jednemu ze swych zwolenników? Bezinteresowność przejawia się w działaniu, nie w słowach. Lecz zmiana nie nastąpi w ciągu jednego dnia. Potrzebna jest stała praktyka. Musimy pamiętać, aby każdy swój oddech wypełniać dobrymi myślami. Powinniśmy pielęgnować w sobie szlachetne cechy, a wtedy nasz oddech będzie posyłał do atmosfery pozytywne wibracje. Często mówi się, że fabryki zanieczyszczają powietrze, lecz w człowieku istnieje jeszcze większa trucizna, a jest nią ego. Tego powinniśmy się najbardziej obawiać. Pieśni religijne i modlitwy pomagają oczyścić umysły noszące w sobie tę truciznę.

Trudno jest zatrzymać uciekającą krowę, goniąc ją. Jeśli natomiast wyciągniesz do niej rękę z jej ulubionym pożywieniem i zawołasz ją, natychmiast do ciebie przybiegnie i będziesz ją mógł z łatwością przywiązać. W podobny sposób śpiewanie mantr pomoże nam zdobyć kontrolę nad umysłem.

Mimo iż jesteśmy jednym ze Stwórcą, obecnie nie posiadamy kontroli nad umysłem, dlatego nie ma w nas świadomości tej jedności. Musimy zdobyć kontrolę nad umysłem, tak samo jak używamy pilota do telewizora, aby wybrać preferowany kanał. Dziś nasze umysły uganiają się za różnymi rzeczami. Śpiewanie pieśni religijnych jest prostym sposobem na przywrócenie krnąbrnego umysłu do stanu równowagi oraz skupienie go na Bogu.

Za sprawą duchowej praktyki w umyśle wykształca się umiejętność odnalezienia się w każdej sytuacji. Ludzie zwykle żyją w napięciu. Powtarzanie mantry

Wieczna Prawda

jest ćwiczeniem usuwającym napięcie. Kiedy w dawnych czasach dzieci uczyły się liczyć, używały ziarenek. Posiłkując się ziarenkami, liczyły: „jeden, dwa, trzy" itp. Później potrafiły już liczyć w głowie bez pomocy ziarenek. Kiedy zapominalska osoba idzie na zakupy, bierze ze sobą listę. Po zaopatrzeniu się w artykuły wyrzuca listę. Podobnie my znajdujemy się obecnie w stanie zapomnienia. Nie jesteśmy przebudzeni. Dopóki się nie przebudzimy, musimy powtarzać mantrę i wykonywać inne praktyki.

W medytacji i innych duchowych praktykach, tak jak we wszystkim, istnieją pewne zasady. Każdy może śpiewać proste piosenki, ale bez treningu muzycznego nie da się zagrać profesjonalnego koncertu. Aby zagrać koncert, trzeba sobie przyswoić pewne zasady. Podobnie w medytacji potrzebny jest trening. Medytacja jest bardzo praktyczna, ale jeżeli nie wykonujemy jej w odpowiedni sposób, mogą wystąpić problemy.

Syrop leczniczy jest dobry dla ciała. Lecz jeśli zamiast zalecanej dawki jednej łyżeczki wypijemy całą butelkę, może nam zaszkodzić. Jeśli z kolei połkniemy dwie łyżeczki zamiast przepisanych pięciu, to również nie pomoże. Musimy trzymać się przepisanej dawki. Tak samo w medytacji powinniśmy postępować według wskazówek mistrza. Nie wszystkie praktyki duchowe są odpowiednie dla wszystkich. Jeśli ktoś wykonuje nieodpowiednie dla siebie praktyki, może popaść w bezsenność, a nawet stać się agresywny, jak również nabawić się różnych fizycznych chorób. Należy więc zachować ostrożność. Lecz śpiewanie duchowych pieśni, recytowanie mantr i modlitwa nie stanowią dla nikogo zagrożenia. Każdy może bezpiecznie wykonywać te praktyki. Z medytacją trzeba bardziej uważać. W przypadku medytacji potrzebna jest pomoc mistrza. Statek kosmiczny może oderwać się od ziemi, pokonując siłę grawitacji, lecz aby mógł kontynuować podróż i trzymać właściwy kierunek, często potrzebuje rakiety wspomagającej. Tak samo wspomaganie ze strony mistrza niezbędne jest do osiągnięcia postępu na duchowej ścieżce.

Każdy z nas może wybrać, czy chce być Bogiem, czy demonem. Możemy być Kryszną lub *Dżarasandhą*. Obie cechy - miłość i gniew - spoczywają w nas. Nasza natura zostanie ukształtowana według cech, które zdecydujemy się w sobie pielęgnować. Powinniśmy zatem kultywować dobre myśli, pozbawione złości, oraz czysty umysł, wolny od konfliktów. Za pomocą modlitwy i powtarzania mantry możemy

Wieczna Prawda

usunąć ze swoich umysłów negatywność i zapomnieć o nieistotnych sprawach. Zazwyczaj zapominamy o rzeczach, kiedy jesteśmy nieprzytomni, a kiedy odzyskujemy świadomość, przypominamy sobie o nich. Wtedy nasze napięcie powraca. Lecz w przypadku duchowych praktyk jest inaczej, ponieważ zapominamy wówczas o rzeczach, które nie są nam tak naprawdę potrzebne.

Wieszając na ścianie plakat z napisem: „nie przyklejać ogłoszeń", możemy uniknąć setek słów. To prawda, że nasza informacja również składa się ze słów, lecz służy ona wyższemu celowi. Podobnie jest z recytowaniem mantry. Mantra redukuje ilość myśli. Kiedy myśli odchodzą, napięcie, które zazwyczaj generują, znika. Powtarzając mantrę, uspokajamy umysł. Mija złość oraz inne negatywne emocje. Umysł oczyszcza się. Maleje egoizm i nasza świadomość się poszerza. Powstające podczas tego procesu dobre wibracje nie pozostają również bez wpływu na naturę.

Jeśli woda płynąca wieloma korytami zostanie zebrana w jeden strumień, możemy jej użyć do produkcji elektryczności. Za pomocą mantry i medytacji możemy zwiększyć moc naszego umysłu, która w przeciwnym razie rozbiega się na wiele torów myślowych. W ten sposób zaoszczędzimy i pomnożymy swą energię.

Portier zdobywa wykształcenie i zostaje naukowcem. Naukowiec wciąż używa tej samej głowy, która wcześniej nosiła ciężkie bagaże. Ale czy kwalifikacje portiera są te same co naukowca? Jeśli portier może zostać naukowcem, dlaczego zwykła osoba nie może przemienić się w istotę duchową? Jest to możliwe dzięki duchowej praktyce, dzięki bezinteresownej postawie oraz dobrym myślom. Koncentracja umysłu przynosi wielką siłę. Powtarzanie mantry pozwala zgromadzić ogromną moc, którą można następnie wykorzystać, pomagając światu. Nie ma w tym egoizmu. Od takich istot świat otrzymuje jedynie dobre słowa i uczynki.

Wszystkie duchowe praktyki są po to, abyśmy rozwinęli w sobie pragnienie oddania się światu. Lecz Amma kłania się do stóp każdemu, kto nie ma skłonności do praktykowania duchowości, a mimo to jest chętny poświęcić swe życie światu. Korzyści wynikające z modlitwy można również uzyskać poprzez bezinteresowną służbę. Ofiarowując siebie innym, osiągamy spełnienie. W tym stanie znika ograniczone indywidualne „ja".

Pytanie: Niektórzy podczas modlitwy płaczą. Czy nie jest to oznaką słabości? Czy płacząc w ten sposób, nie tracimy energii?

Amma: Ronienie łez podczas modlitwy nie jest słabością. Kiedy płaczemy za zwykłymi rzeczami, przypomina to kłodę drewna płonącą bez potrzeby. Lecz płacz podczas modlitwy jest jak użycie drewna do przyrządzenia pajasamu - przynosi nam słodycz. Świeczka w miarę spalania staje się coraz jaśniejsza. Kiedy płaczemy za rzeczami materialnymi, możemy odczuć w sercu ulgę, ale nie powinniśmy tracić czasu na ronienie łez za rzeczami, które odeszły lub czekają nas w przyszłości. „Czy moje dziecko zda egzamin?". „Zobacz, co ci ludzie mi zrobili!". „Co powiedzą sąsiedzi?". Płacz za takimi rzeczami można uznać za słabość. Doprowadzi on jedynie do depresji i innych mentalnych chorób. Lecz jeśli otworzymy swe serca i będziemy modlić się do Boga, płacz może wyciszyć umysł i przynieść spokój.

Kiedy modlimy się z tęsknoty za Bogiem, pielęgnujemy w sobie pozytywne cechy. Szczera modlitwa, w której płaczemy za Bogiem, stabilizuje i koncentruje umysł. Na skutek takiej koncentracji zamiast tracić energię zdobywamy ją. Mimo iż Bóg istnieje w nas, nasze umysły nie skupiają się na Nim. Płacz podczas modlitwy jest sposobem na skupienie umysłu na Bogu.

Kiedy dziecko mówi, że jest głodne, matka czasem zwleka z podaniem mu jedzenia. Lecz co się stanie, kiedy dziecko się rozpłacze? Matka natychmiast przybiegnie, aby je nakarmić. Podobnie ronienie łez podczas modlitwy jest dobrą metodą na osiągnięcie kontroli nad umysłem. Z pewnością nie jest to słabość.

Praktykujący na ścieżce samopoznania mówi: „Nie jestem umysłem, intelektem ani ciałem. Nie jestem cnotą ani grzechem - jestem czystą Jaźnią". Ten proces negacji zachodzi w umyśle. Dla tych, którzy nie znają medytacji, jogi ani pism, prostą metodą zdobycia kontroli nad umysłem jest otworzyć przed Bogiem swe serce, płakać i modlić się o zrozumienie Prawdy. To również stanowi formę negacji, ponieważ zamiast mówić „nie jestem tym, nie jestem tamtym" mówimy Bogu „Ty jesteś wszystkim".

Wieczna Prawda

Niektórzy lubią czytać w milczeniu. Inni, aby zrozumieć treść, muszą czytać na głos. Niektórzy lubią śpiewać głośno, a inni cicho nucą. Każdy wybiera to, co mu odpowiada. Byłoby błędem uznać któryś z tych wyborów za słabość. Jest to przecież kwestia osobistej preferencji.

Bóg jest w tobie, ale twój umysł nie dostrzega Jego obecności. Przypuśćmy, że stoi przed tobą dzbanek. Jeśli twoje oczy są otwarte, ale umysł przebywa gdzie indziej, nie zobaczysz dzbanka. Kiedy ktoś do ciebie mówi, nie usłyszysz go, jeśli będziesz rozkojarzony. Tak samo mimo iż Bóg znajduje się w nas, nie dostrzegamy tego, ponieważ nasze umysły nie są zwrócone do wewnątrz - nie spoglądamy do wewnątrz. Zazwyczaj umysł rozprasza się wieloma rzeczami. Musimy skierować go z powrotem do wewnątrz i skupić na Bogu. W ten sposób rozwiniemy w sobie Boskie cechy, takie jak miłość, współczucie i równość. Powinniśmy wykształcić te cechy wewnątrz i emanować nimi na zewnątrz, aby inni również mogli odnieść z nich korzyść. W tym właśnie pomaga nam modlitwa.

Jedno z dzieci Ammy powiedziało: „Nie lubię się modlić. Po co się modlić?". Amma odparła: „Pozwól, że Amma cię o coś zapyta. Przypuśćmy, że jesteś zakochany. Czy nie będziesz chciał mówić do swej ukochanej? Czy nie będzie ci to sprawiało przyjemności? Tym właśnie modlitwa jest w przypadku wiernego. Dla wiernego Bóg jest wszystkim. A gdyby komuś nie podobało się, że mówisz do swej ukochanej, jak byś zareagował? Czy obchodziłoby cię, co ta osoba myśli? Wypowiadając się negatywnie o płaczu w modlitwie, krytykujesz modlących się. Miłość, którą darzymy Boga, nie jest zwyczajną miłością. Jest ona absolutnie święta".

Miłości do Boga i oddania Jemu nie da się przyrównać do zwyczajnej miłosnej więzi. Mężczyzna pragnie miłości kobiety, a kobieta miłości mężczyzny. W tej miłości cieszą się sobą nawzajem. Ale nie osiągają spełnienia czy doskonałości, ponieważ oboje są żebrakami. Modlitwa wiernego do Boga jest inna. Wierny modli się o łaskę, aby mógł rozwinąć w sobie Boskie cnoty oraz poszerzyć swą świadomość i postrzegać wszystkich jako Boga. W tym celu odkrywa przed Bogiem swe uczucia. Robiąc to, pielęgnuje w sobie dobre cechy, które przyniosą również korzyść innym. Zwyczajni ludzie dzielą się swymi uczuciami z wieloma osobami, chcąc w ten sposób wzbudzić w nich miłość. Ale wierny otwiera swe serce jedynie przed mieszkającym w nim Bogiem, modląc się: „Spraw, abym stał się taki jak Ty! Daj mi siłę, abym kochał wszystkie istoty i umiał im wybaczać!".

Śpiewanie ku chwale Boga wzbudza w wiernym niewypowiedziany zachwyt. Jest to dla niego rodzaj ekstazy. Ludzie zainteresowani światem znajdują przyjemność w zewnętrznych przedmiotach. Natomiast wewnętrzne spełnienie jest czymś innym i nie wpływa negatywnie na otoczenie. Kiedy raz go doświadczysz, nie będziesz już szukał spełnienia na zewnątrz. Jeśli dostajesz w domu znakomite jedzenie, po co miałbyś szukać jedzenia gdzie indziej? W modlitwie szukamy wytchnienia wewnątrz. Świeczka potrzebuje pomocy z zewnątrz, aby zapłonąć, ale światło wewnętrzne świeci samo z siebie. Modlitwa pozwala nam odkryć to płonące w nas światło.

W świecie materialnym ludzie szukają spełnienia w zaspokajaniu pragnień. Ale to modlitwa zapewnia spokój umysłu. W świecie materialnym możemy doświadczyć spokoju, ale nie będzie on trwały. Jeśli nasi bliscy nas ignorują, jest nam przykro. Jeśli ktoś nie chce z nami rozmawiać, odczuwamy smutek. Ludzie szukają szczęścia, a gdy go nie znajdują, są jeszcze bardziej niezadowoleni. Kiedy dzielimy się swoim smutkiem z innymi, w odpowiedzi oni opowiadają nam o własnym cierpieniu. Spotykamy się z kimś w nadziei na pocieszenie, a wracamy z podwójnym ciężarem problemów! Tak jak pająk umiera w utkanej przez siebie pajęczynie, tak samo ludzie wpadają w sieć własnych przywiązań. Aby uwolnić się od tego stanu, musimy przyjąć postawę świadka. To również stanowi cel modlitwy.

Dwie kobiety żyły po sąsiedzku. Jednej z nich zmarł mąż i z żalu zanosiła się głośnym płaczem. Druga kobieta przyszła do niej, aby ją pocieszyć. Powiedziała: „Kto jest wolny od śmierci? Jeśli nie dzisiaj, stanie się to jutro. Prąd nie ulega zniszczeniu, kiedy pęknie żarówka. Tak samo Jaźń nie ulega zniszczeniu, kiedy umiera ciało". Tymi słowami podniosła sąsiadkę na duchu. Jakiś czas później sama straciła syna. Płakała bezustannie. Wdowa odwiedziła ją i powiedziała: „Czy to nie ty pocieszyłaś mnie, kiedy zmarł mój mąż? Czy pamiętasz swoje słowa?". Mimo to nie udało jej się podnieść sąsiadki na duchu. Kobieta, której zmarł syn, całkowicie utożsamiała się z własną żałobą. Ale gdy sąsiadka straciła męża, była w stanie stanąć z boku i spojrzeć na jej sytuację z pozycji świadka, dzięki czemu w pewnym stopniu zdołała ją pocieszyć. Dała jej siłę.

Za każdym razem gdy utożsamiamy się z sytuacją, zwiększamy swoje cierpienie. Lecz kiedy spoglądamy na sytuację z pozycji świadka, wzrasta nasza wewnętrzna siła. Z gazety dowiadujemy się o katastrofie lotniczej. Gdyby nasze dzieci lub krewni byli w rozbitym samolocie, ze smutku nie moglibyśmy czytać dalej. Jeśli natomiast wiemy, że nikt z naszych bliskich na pewno nie leciał tym samolotem, nasze oczy spokojnie dotrą do końca informacji i przejdą do następnego wydarzenia.

W ludzkich związkach często obecne jest cierpienie. Jeśli miłość jednej osoby słabnie, druga może być z tego powodu zła. Dzieje się tak dlatego, że związki oparte są na życzeniach, nadziejach, pragnieniach i oczekiwaniach. Lecz kiedy płaczemy za Bogiem, wygląda to zupełnie inaczej, ponieważ nie oczekujemy niczego w zamian za swą miłość. A jednocześnie, w tej pozbawionej oczekiwań miłości, otrzymujemy wszystko. W prawdziwej modlitwie mówimy: „Boże, obdarz mnie swoimi cnotami i siłą, abym mógł służyć innym!".

W szkole dzieci często prosi się, aby zapisały jakiś fakt lub cytat wielokrotnie w celu zapamiętania go. Jeśli przepiszą zapomnianą lekcję dziesięć razy, nie zapomną jej więcej. Utrwali się ona na dobre w ich pamięci. Podobnie kiedy w czasie modlitwy kontemplujemy nieustannie Boskie cnoty, czynimy je własnymi, ponieważ utrwalają się one w naszej świadomości. Wierny, który rozwija w sobie te cnoty, nie jest nimi ograniczony, lecz wznosi się do stanu będącego ponad wszelkimi cechami. Ten, kto wzniósł się ponad wszelkie cechy, nie jest niczym związany. Taka osoba pozostaje świadkiem. Pielęgnując w sobie Boskie cnoty, zapominamy o sobie i stajemy się zdolni kochać innych i pomagać im. Wówczas indywidualna osoba przestaje istnieć. Jest to stan ponad wszelkimi cechami.

Pytanie: Niektórzy uważają *lingam* Sziwy za obsceniczny. Czy jest ku temu jakiś powód?

Amma: Moje dzieci, ludzie mówią w ten sposób, ponieważ nie rozumieją zasady kryjącej się za lingamem Sziwy. Ludzie widzą w rzeczach dobro albo zło w zależności od własnych wewnętrznych tendencji.

Każda religia i organizacja posiada swoje symbole i emblematy. Materiał użyty do produkcji flagi państwa lub partii politycznej kosztuje nie więcej niż dziesięć rupii, ale pomyśl, jak wielką wartość przypisuje się fladze! W tej fladze ludzie widzą swój kraj lub swoją partię. Dla członków partii flaga symbolizuje ideały partii. Gdyby ktoś splunął na flagę lub podarł ją na kawałki, powstałby poważny konflikt. Kiedy patrzysz na flagę, nie myślisz o bawełnie, z której została wykonana. Nie zastanawiasz się nad odchodami, których użyto jako nawozu, żeby bawełna wyrosła, ani nad brzydkim zapachem, który się z nich wydobywał. Widzisz we fladze jedynie ideały państwa lub reprezentującej państwo partii politycznej.

Dla chrześcijańskich dzieci Ammy krzyż jest symbolem poświęcenia. Kiedy modlimy się pod krzyżem, nie rozmyślamy nad tym, że był on narzędziem tortur przestępców. Widzimy go jako symbol poświęcenia i współczucia Chrystusa. Kiedy muzułmańskie dzieci Ammy kłaniają się w kierunku Mekki, kontemplują Boskie cnoty.

Wyśmiewanie i obrażanie Boskich symboli oraz wizerunków hinduizmu nie jest zrozumiałe. Lingam

Wieczna Prawda

Sziwy nie jest symbolem jednej szczególnej religii. Reprezentuje on w rzeczywistości zasadę naukową.

W matematyce i innych naukach używa się wielu symboli, na przykład symboli mnożenia i dzielenia. Czy ludzie we wszystkich religiach i krajach nie używają tych symboli? Nikt nie pyta, jakiego wyznania był ich twórca. Nikt nie odrzuca symboli na tej podstawie. Każdy, kto chce się nauczyć matematyki, musi je zaakceptować. Tak samo nikt, kto rozumie ideę wyrażaną przez formę lingamu Sziwy, nie jest w stanie go potępić.

Moje dzieci, słowo linga znaczy „miejsce rozpuszczenia". Wszechświat powstaje z lingamu i ostatecznie rozpuszcza się w nim. Starożytni święci szukali początku wszechświata i za sprawą praktykowanej przez siebie ascezy odkryli, że źródłem i oparciem wszystkiego jest Brahman, Absolutna Rzeczywistość. Brahmana nie da się opisać słowami. Nie da się go wskazać. W Nim zawiera się początek i koniec. Brahman, źródło wszelkich atrybutów i cech, jest pozbawiony atrybutów i cech, a także formy. Jak można opisać coś, co nie ma atrybutów? Tylko coś, co posiada atrybuty, można zrozumieć za pomocą umysłu i zmysłów. W tej trudnej sytuacji mędrcy wymyślili symbol, który reprezentowałby ten pierwszy etap, pomiędzy Brahmanem a Kreacją: lingam Sziwy. Symbolizuje on powstanie wszechświata z Brahmana. Lingam Sziwy jest symbolem używanym przez riszich dla zobrazowania odkrytej przez nich Prawdy w sposób przystępny dla zwykłych ludzi. Musimy zrozumieć, że mimo iż pozbawiona atrybutów Najwyższa Rzeczywistość znajduje się ponad nazwą, formą i indywidualnością, ludzie muszą medytować nad tą Najwyższą Rzeczywistością i wielbić ją w sposób dla siebie zrozumiały. Riszi obrali lingam Sziwy za naukowy symbol mający na celu przybliżenie ludziom Brahmana.

Naukowcy, którzy badają promienie niewidoczne gołym okiem, używają symboli, aby je nazwać. Kiedy słyszymy o promieniowaniu X, wiemy, że chodzi o rentgen (z ang. X-ray). Podobnie kiedy widzimy lingam Sziwy, rozumiemy, że jest to pozbawiony atrybutów Brahman w postaci wzbogaconej o atrybuty.

Słowo „sziwa" oznacza pomyślność. Pomyślność nie ma formy. Wielbiąc lingam Sziwy, będący symbolem pomyślności, wielbiący otrzymuje to, co pomyślne. Pomyślność nie rozróżnia pomiędzy kastami. Ten, kto wielbi lingam ze świadomością wyrażonej w nim idei, odniesie korzyści.

Moje dzieci, na początku stworzenia Ostateczna Rzeczywistość podzieliła się na *prakriti* i *puruszę*. Słowem „prakriti" riszi nazywali wszechświat, który znamy i którego doświadczamy. Mimo iż purusza znaczy dosłownie „mężczyzna", nie o to tutaj chodzi. Purusza to Świadomość Jaźni. Prakriti i Purusza nie są dwoma odrębnymi bytami, lecz jednym istnieniem. Nie da się ich rozdzielić, podobnie jak nie sposób oddzielić ognia od jego mocy spalania. Kiedy używamy słowa „purusza", ci, którzy nie studiowali duchowości, pomyślą: „mężczyzna". Dlatego Najwyższa Jaźń, będąca Czystą Świadomością, otrzymała męską postać oraz imię Sziwa. Natomiast prakriti jest uznawana za kobietę i nadano jej imiona *Szakti* oraz *Dewi*.

Każdy ruch odbywa się na nieruchomym podłożu, tak jak tłuczek obraca się w obrębie nieruchomej podstawy moździerza. Sziwa jest nieruchomą podstawą każdego ruchu we wszechświecie, natomiast Szakti to Moc będąca przyczyną wszelkiego ruchu. Lingam Sziwy symbolizuje jedność Sziwy i Szakti. Jeśli będziemy medytować nad nim w skupieniu, ta Najwyższa Prawda obudzi się w nas.

Powinniśmy również zastanowić się, dlaczego lingam Sziwy otrzymał taką postać. Dziś naukowcy twierdzą, że wszechświat posiada kształt jajka. W Indiach od tysięcy lat wszechświat nazywa się „*Brahmandam*", czyli wielkim jajkiem. Słowo „Brahman" oznacza najwyższą wspaniałość. Lingam Sziwy jest miniaturą tego ogromnego kosmicznego jajka. Kiedy wielbimy lingam Sziwy, w rzeczywistości wielbimy cały wszechświat jako Pomyślną Formę oraz Boską Świadomość. Nie oddajemy czci Bogu, który siedzi gdzieś wysoko w niebie. Uczy nas to, że każda służba na rzecz wszechświata, w tym wszystkich żyjących istot, jest wielbieniem Sziwy.

Nasza dzisiejsza sytuacja przypomina sytuację pisklęcia zamkniętego w skorupie jajka. Pisklę może jedynie pomarzyć o wolności przestworzy, nie będąc jej w stanie doświadczyć. Aby sytuacja się zmieniła, jajko musi być wysiadywane przez matkę. Wówczas pisklę wydostanie się na zewnątrz. Tak samo jeśli chcemy doświadczyć błogości Jaźni, musi pęknąć skorupa naszego ego. Lingam Sziwy rozbudza w wielbiącym świadomość tej prawdy.

Śpiewamy: „Akasha linga pahi mam, atma linga pahi mam". Słowa te znaczą dosłownie: „Lingamie nieba, chroń mnie. Lingamie Jaźni, chroń mnie".

Prawdziwe znaczenie natomiast brzmi: „Niech Bóg, który jest bezkresny jak niebo, chroni mnie. Niech Najwyższa Jaźń, która jest moją prawdziwą naturą, chroni mnie!".

Zatem lingam nie oznacza członka, ponieważ nawet głupcy nie modliliby się do męskich organów rozrodczych o ochronę!

Moje dzieci, komu przynosi pożytek przypisywanie fałszywego znaczenia i obrażanie świętego symbolu, który od wieków podnosi świadomość milionów ludzi? Powoduje to jedynie gniew i konflikty.

Purany mówią, że Pan Sziwa spalił Kamę, boga pożądania, w ogniu pochodzącym ze swego trzeciego oka. Dziś rzeczy materialne uznajemy za prawdziwe, wiecznie trwałe i należące do nas. Skupiamy się tylko na takich rzeczach. Dopiero gdy otworzymy trzecie oko, będące okiem wiedzy, uświadomimy sobie, że wszystko to przemija i jedynie Jaźń trwa wiecznie. Doświadczymy wówczas najwyższej błogości. W tym stanie nie ma różnicy pomiędzy mężczyzną a kobietą ani moim i twoim. Spalenie Kamy właśnie to symbolizuje. Lingam Sziwy pomaga nam zrozumieć tę zasadę i uwolnić nas od pożądania. Dlatego lingam Sziwy był wielbiony zarówno przez mężczyzn, jak i kobiety, starych i młodych, a także *braminów* i wyrzutków społecznych.

Tylko umysł owładnięty pożądaniem może widzieć w lingamie Sziwy symbol zmysłowości. Takim ludziom powinniśmy wyjaśnić prawdziwą zasadę kryjącą się za tym symbolem, aby poszerzyć ich świadomość.

Lingam Sziwy obrazuje jedność Sziwy i Szakti. Ma to znaczenie również w życiu rodzinnym. Mąż i żona powinni być jednego umysłu. Jeśli mężczyzna jest podporą rodziny, kobieta stanowi jej siłę, Szakti. Nie ma prawdopodobnie drugiego takiego symbolu równości i miłości między mężczyzną a kobietą. Dlatego lingam Sziwy wielbiony jest we wszystkich świątyniach *Brahmasthanam*, które Amma stworzyła.

Pytanie: Mówi się, że Sziwa zamieszkuje cmentarze. Co to znaczy?

Wieczna Prawda

Amma: Pragnienia są przyczyną ludzkiego cierpienia. Umysł ugania się za pragnieniami, ponieważ czuje, że nie jest spełniony. Nigdy nie doświadczysz doskonałego spokoju, jeśli będziesz się skupiał jedynie na korzyściach materialnych. Na cmentarzu wszystkie materialne pragnienia, a także ciało, będące instrumentem zaspokajania tych pragnień, obracają się w proch. A tam, gdzie nie ma pragnień i świadomości ciała, Pan Sziwa tańczy w błogości. Dlatego nazywa się go mieszkańcem cmentarzy. Nie oznacza to, że błogość przychodzi do nas jedynie po śmierci. Wszystko istnieje w nas. My i wszechświat jesteśmy jednym. Oba są równie kompletne. Lecz kiedy przywiązanie do ciała spala się w ogniu świadomości Jaźni, automatycznie wypełnia nas błogość.

Ciało Sziwy posypywane jest popiołem ze stosów pogrzebowych. Symbolizuje to pokonanie pragnień. Jeśli posmarujemy sobie czoło świętym popiołem (*wibhuti*), wpłynie to korzystnie na nasze zdrowie, a umysł uświadomi sobie przemijającą naturę ciała. Wiedząc, że ciało umrze, jesteśmy bardziej chętni czynić dobro, zanim będzie za późno.

Sziwa nazywany jest „nieprzywiązanym" (wairagi). Nieprzywiązanie (*wairagia*) oznacza dystans emocjonalny, czy też obojętność wobec nazwiska, pozycji społecznej, cielesnych wygód, rodziny i przyjaciół. Dzieci na przykład przywiązują dużą wagę do swych zabawek, które z kolei dla dorosłych niewiele znaczą. Jeśli nie wykształcimy w sobie prawdziwego braku przywiązania, nasze szczęście będzie zależne od opinii innych na nasz temat! Staniemy się marionetką w ich rękach. Dystans emocjonalny daje nam prawdziwą wolność. Kiedy nie rządzą nami emocje, nic na świecie nie jest w stanie przesłonić naszej wrodzonej błogości. Tego naucza Sziwa, posypując się popiołem i zamieszkując cmentarze. Dlatego Pan Sziwa uważany jest za pierwszego Guru.

Słowniczek

Adwaita – niedualność, niedwoistość. Filozofia, która naucza, że Stwórca i stworzenie są jedną, niepodzielną istotą.

Arczana – „oddawanie czci". Rytuał, podczas którego recytuje się imiona bóstwa, przeważnie 108, 300 lub 1000 podczas jednej sesji.

Asura – demon; osoba o demonicznych skłonnościach.

Aszram – „miejsce odosobnienia". Miejsce, w którym duchowi adepci żyją lub które odwiedzają, aby praktykować duchowość. Jest ono zazwyczaj siedzibą duchowego mistrza, świętego lub ascety, który prowadzi swych uczniów ku wolności.

Atman – wieczna Jaźń, Duch czy Świadomość; nasza podstawowa natura. Jedna z podstawowych zasad Sanatana Dharmy brzmi, że jesteśmy wieczną, nieskazitelną Jaźnią (Duchem).

Awadhuta – oświecona dusza, która nie przestrzega obyczajów społecznych. Awadhuci uważani są przez społeczeństwo za niezwykle ekscentrycznych.

Bhagawad Gita – „Pieśń Pana" (Bhagawad - Pana; Gita - pieśń). Nauki, których Kryszna udzielił Ardżunie na polu bitwy na początku wojny opisanej w „Mahabharacie". Jest to przystępny przewodnik po wiedzy wedyjskiej. Powszechnie nazywa się ją w skrócie Gitą.

Bhagawan – Pan, Bóg. Ten, który obdarzony jest sześcioma Boskimi cnotami (bhaga): ośmioma siddhi (mocami), siłą, sławą, pomyślnością, najwyższą wiedzą i nieprzywiązaniem.

Bhagawatam – jedno z osiemnastu pism znanych jako Purany, opisujące głównie wcielenia Wisznu oraz życie Śri Kryszny. Podkreśla ścieżkę oddania. Znane również pod nazwą Śrimad Bhagawatam.

Bhadżan – pieśń religijna, śpiew ku chwale Boga.

Bhakti – oddanie, uwielbienie.

Bhakti Joga – „zjednoczenie z Najwyższym na ścieżce oddania".

Bhawa – Boski nastrój, postawa czy stan.

Brahma, Wisznu i Maheszwara (Sziwa) – trzy aspekty Boga oznaczające kolejno tworzenie, podtrzymywanie i rozwiązywanie.

Brahman – Absolutna Rzeczywistość, Całość, Najwyższa Istota, „To", co obejmuje i przenika wszystko, będąc Jednym i niepodzielnym.

Brahmandam – „wielkie jajko", wszechświat.

Brahmasthanam (świątynia) – „siedziba Brahmana". Zrodzone z Boskiej intuicji Ammy, te unikatowe świątynie są pierwszymi, które przedstawiają wiele bóstw na jednym kamieniu. Kamień posiada cztery strony i ukazuje Ganeszę, Sziwę, Dewi oraz Rahu, podkreślając jedność będącą podstawą wielorakich aspektów Boga. Powstało szesnaście takich świątyń w Indiach i jedna na Mauritiusie.

Brahma Sutry – aforyzmy autorstwa mędrca Weda Wiasy, eksponujące filozofię wedanty.

Bramin – w indyjskim systemie kastowym bramini byli kapłanami i nauczycielami.

Darszan – audiencja u świętego lub wizja Boga.

Dewa – „Ten, który jaśnieje". Bóg lub niebiańska istota, która występuje na płaszczyźnie astralnej, w subtelnym, niefizycznym ciele.

Dewi – „Ta, która jaśnieje". Bogini, Boska Matka.

Dharma – słowo pochodzące od „dhri" - wspierać, podtrzymywać, trzymać się. Często tłumaczone jako „prawość". Dharma posiada wiele powiązanych ze sobą znaczeń: to, co podtrzymuje wszechświat, prawa uniwersalne, prawa natury, religia, obowiązek, odpowiedzialność, właściwe postępowanie, sprawiedliwość, dobroć i prawda. Dharmą nazywane są wewnętrzne zasady religii. Oznacza ona również prawdziwą naturę oraz wrodzone funkcje istoty czy przedmiotu. Na przykład dharmą ognia jest płonąć. Dharmą człowieka jest żyć w zgodzie z uniwersalnymi duchowymi zasadami i pielęgnować wyższą świadomość.

Durga – imię Bogini, Boska Matka. Często przedstawia się ją trzymającą w dłoniach wiele rodzajów broni i dosiadającą lwa. Jest niszczycielką zła i obrończynią dobra. Niszczy pragnienia i negatywne tendencje (wasany) swych dzieci oraz odsłania przed nimi Najwyższą Świadomość.

Dżapa – powtarzanie mantry, modlitwy lub jednego z imion Boga.

Dżiwanmukta – stan oświecenia czy też zjednoczenia z Bogiem osiągnięty za życia.

Dżarasandha – potężny, lecz nieprawy król, który rządził krainą Magadha za czasów Kryszny. Podbił ponad sto królestw. Został pokonany w wielu wojnach, które wszczął przeciwko Krysznie. W końcu Bhima, za radą Kryszny, zabił Dżarasandhę podczas walki.

Dźniana – „wiedza". Najwyższa Wiedza będąca bezpośrednim doświadczeniem, wykraczająca poza postrzeganie ograniczonego umysłu, intelektu i zmysłów. Osiąga się ją poprzez duchową praktykę oraz łaskę Boga lub duchowego mistrza.

Dźniana Joga – „zjednoczenie z Najwyższym na ścieżce samopoznania". Duchowa ścieżka najwyższej wiedzy, pomagająca zrozumieć prawdziwą naturę własną i świata. Jej elementami są studiowanie pism, medytacja, intelektualna metoda dociekania - „kim/czym jestem?" oraz „jestem Brahmanem" - a także rozwijanie w sobie nieprzywiązania (wairagii) i zdolności rozróżniania (wiweka).

Ganesza – syn Sziwy i Parwati. Ganesza usuwa przeszkody i sprzyja w osiągnięciu sukcesu. Jest wielbiony na początku wszystkich ceremonii oraz przed rozpoczęciem nowego przedsięwzięcia. Ganesza posiada głowę słonia, a jego pojazdem jest mysz. Symbolizuje to przezwyciężenie wszelkich pragnień, a także fakt, że Bóg mieszka we wszystkich stworzeniach, od największych po najmniejsze. Wizualne cechy Ganeszy posiadają głębokie filozoficzne znaczenie i stanowią wskazówki dla duchowego adepta.

Gita – pieśń. Patrz: Bhagawad Gita.

Guru – „Ten, kto usuwa mrok niewiedzy". Duchowy mistrz, przewodnik.

Gurukula – aszram, w którym uczniowie mieszkają i uczą się u boku Guru. W dawnych czasach gurukule były szkołami z internatem, gdzie młodzież otrzymywała wszechstronne wykształcenie oparte na Wedach.

Hatha Joga – system fizycznych i mentalnych ćwiczeń powstały w starożytności z myślą o uczynieniu ciała doskonałym narzędziem do osiągnięcia oświecenia.

Homa – święty rytuał z użyciem ognia.

Ishwara – Bóg. Osobowy aspekt Absolutnej Rzeczywistości. Ten, kto sprawuje kontrolę. Przyczyna kreacji.

Jaga jadżnia – złożony wedyjski rytuał ofiarny.

Jadżnia – ofiara.

Joga – „jednoczyć". Zjednoczenie z Najwyższą Istotą. Szeroki termin odnoszący się do różnych praktyk, dzięki którym można osiągnąć jedność z Boskością. Ścieżka prowadząca do oświecenia.

Juga – epoka lub era. Istnieją cztery jugi: Satja Juga (Złoty Wiek, Złota Epoka), Treta Juga, Dwapara Juga i Kali Juga. Obecnie żyjemy w Kali Judze (Ciemna Epoka). Według pism jugi następują po sobie cyklicznie w powyższej kolejności.

Kaba – świątynia i sanktuarium w Mekce, najważniejsze święte miejsce islamu.

Kali – „Ciemna" (nieodgadniona). Postać Boskiej Matki. „Ciemna" oznacza w tym kontekście Jej nieskończoność oraz fakt, że pozostaje niezbadana i niezrozumiała dla umysłu. Z punktu widzenia ego może się wydawać straszna, ponieważ niszczy ego. Lecz robi to jedynie ze swego niezmierzonego współczucia, przekształcając w ten sposób naszą świadomość.

Kalidasa – największy poeta i dramaturg Indii, żyjący około czwartego wieku naszej ery. Autor między innymi Meghduty, Ragunawamsy i Sakuntali.

Kama – pożądanie.

Karma – czyn, działanie.

Karma Joga – „zjednoczenie z Najwyższym na ścieżce działania". Duchowa ścieżka bezinteresownej służby i ofiarowania owoców wszelkich czynów Bogu.

Kasta – zamknięta grupa społeczna, do której przynależność jest dziedziczna.

Kryszna – „Ten, kto przyciąga nas do siebie", „Ciemny" (nieodgadniony). Urodził się w rodzinie królewskiej, lecz wychowali go rodzice zastępczy i żył jako pasterz w mieście Wryndawan, gdzie kochali go i wielbili oddani mu towarzysze - gopi (pasterze i pasterki). Później został władcą krainy Dwaraka. Był przyjacielem i doradcą swych kuzynów z rodu Pandawów, szczególnie Ardżuny, któremu wyjawił swe nauki - patrz: Bhagawad Gita.

Krija Joga – część tradycyjnych tantrycznych praktyk, w większości ćwiczenia oddechowe.

Kundalini – „moc węża". Duchowa energia, która spoczywa jak zwinięty wąż u podstawy kręgosłupa. Za sprawą duchowej praktyki wznosi się kanałem suszumna, subtelnym nerwem w kręgosłupie, i wypełnia czakry (centra energetyczne). Kiedy kundalini wznosi się od jednej czakry do drugiej, praktykujący zaczyna doświadczać bardziej subtelnych poziomów świadomości. W końcu sięga ona najwyższej czakry, sahasrara, usytuowanej na czubku głowy. Wówczas następuje oświecenie.

Laja Joga – „zjednoczenie przez rozpuszczenie lub wchłonięcie". Ścieżka duchowa oparta na funkcjonowaniu czakr i energii kundalini. Rozpuszcza niższe aspekty praktykującego i budzi w nim błogość oraz wyższą świadomość.

Lingam – „symbol", „definiujący znak". Zasada stworzenia. Często wielbiony jako symbol Pana Sziwy. Zazwyczaj podłużny owalny kamień.

Mahabharata – jeden z dwóch wielkich indyjskich eposów historycznych. Wielki traktat o dharmie (prawości) i duchowości. Opowiada o konflikcie między Pandawami a Kaurawami oraz wynikającej z niego wojnie pod Kurukszetrą. Napisał ją około 3200 roku p. n. e. mędrzec Wiasa.

Mahatma – „wielka dusza". Kiedy Amma używa słowa „mahatma", odnosi się do oświeconej istoty.

Mantra – święta formuła lub modlitwa, wielokrotnie powtarzana. Jej celem jest obudzenie uśpionej mocy duchowej oraz osiągnięcie ostatecznego celu. Najlepsze efekty przynosi, kiedy otrzymuje się ją od duchowego mistrza podczas inicjacji.

Matham – religia.

Maja – iluzja. Boska moc lub zasłona, za pomocą której w swej grze kreacji Bóg zakrywa Siebie, tworząc złudzenie wielości istot oraz ich odrębności od Niego. Jako że maja zakrywa Rzeczywistość, sprawia, że wydaje nam się, iż prawdziwa doskonałość leży na zewnątrz nas.

Moksza – ostateczne duchowe wyzwolenie.

Muruga – „Piękny". Znany również jako Subramania, Muruga jest Bogiem stworzonym przez Sziwę, aby pomagał duszom w ich ewolucji, szczególnie na ścieżce jogi. Brat Ganeszy.

Nadi Szastra – Nadi = przewód. Gałąź astrologii.

Nadopasana – oddawanie czci Bogu poprzez muzykę.

Narasimha – Boski Człowiek-Lew. Jedna z inkarnacji Wisznu.

Narajana – Nara = wiedza, woda. „Ten, kto jest osadzony w najwyższej wiedzy". „Ten, kto spoczywa w wodach wiecznego jeziora, z którego wyłonił się świat". Imię Wisznu.

Natja Szastra – sztuka tańca, muzyki i dramatu.

Parwati – „Córka góry". Boska małżonka Sziwy. Imię Bogini, Boska Matka.

Pajasam – słodkie danie ryżowe.

Prakriti – pierwotna natura. Materialny aspekt stworzenia świata. Razem z Puruszą współtworzy wszechświat. Podstawowa natura, z której składa się wszechświat.

Prasad(am) – błogosławiony dar pochodzący od świętego lub ze świątyni, zazwyczaj w formie pożywienia.

Pudża – „oddawanie czci". Święty rytuał.

Purany – epickie historie przedstawiające życie Bogów.

Purusza – świadomość, która zamieszkuje ciało. Czysta, nieskażona Uniwersalna Świadomość czy Egzystencja.

Radża Joga – „zjednoczenie z Najwyższym na ścieżce medytacji".

Rama – „Ofiarodawca Radości". Boski bohater eposu „Ramajana". Wcielenie Boga Wisznu, ideał cnoty i prawości.

Ramajana – „Życie Ramy". Jeden z dwóch wielkich indyjskich historycznych eposów, przedstawiający życie Ramy, będący dziełem Walmiki. Większa część eposu opisuje, jak Sita, żona Ramy, została porwana przez Rawanę, króla demonów, i jak uratował ją Rama wraz ze swymi wiernymi, w tym wielce oddanym mu Hanumanem.

Riszi – Rsi = wiedzieć. Oświecony mędrzec. Zazwyczaj słowo to odnosi się do siedmiu riszich w starożytnych Indiach, którzy poznali Najwyższą Prawdę.

Samskary – 1) wrażenia odciśnięte w umyśle przez doświadczenia z obecnego i poprzednich wcieleń, mające wpływ na życie człowieka - jego naturę, zachowanie, działania itp. 2) obudzenie pozytywnych wartości mających wpływ na charakter człowieka.

Sanatana Dharma – Wieczna Religia, Wieczna Zasada. Tradycyjna nazwa hinduizmu.

Saraswati – Bogini nauki.

Satja – Najwyższa Prawda.

Satja Juga – Epoka Prawdy. Nazywana również Krita Jugą. W kreacji świata występują cykle składające się z czterech następujących po sobie epok. Satja Juga jest epoką, w której panują prawda i dobroć, a każda istota i czyn są bliskie ideału. Nazywana również Złotym Wiekiem.

Szakti – moc. Imię Uniwersalnej Matki, dynamicznego aspektu Brahmana.

Szastra – nauka czy wiedza specjalistyczna.

Sziwa – „Pomyślny", „Łaskawy", „Dobry". Postać Najwyższej Istoty. Męski aspekt stworzenia.

Świadomość. Również część Trójcy (Brahma, Wisznu, Sziwa), odpowiedzialna za rozwiązywanie wszechświata, destrukcję tego, co ostatecznie nie jest prawdziwe.

Swara Joga – ścieżka używająca ćwiczeń oddechowych do osiągnięcia oświecenia.

Tantra – tradycyjny system duchowych praktyk, który umożliwia praktykującemu zrozumienie, że radość doświadczana za pośrednictwem przedmiotów w rzeczywistości pochodzi z wewnątrz.

Tapas – „gorąco", „żar". Dyscyplina, asceza i poświęcenie. Duchowe praktyki, które spalają nieczystości umysłu.

Trzy światy – Niebo, ziemia i piekło. Trzy stany świadomości.

Upadhi – ograniczający atrybut, na przykład nazwa, forma, atrybut, narzędzie.

Upaniszady – „Siedzieć u stóp Mistrza", „To, co usuwa niewiedzę". Upaniszady są czwartą i ostatnią częścią Wed. Wykładają filozofię znaną jako wedanta.

Wairagia – nieprzywiązanie, neutralność emocjonalna.

Słowniczek

Walmiki – złodziej, który został wielkim świętym, kiedy zrozumiał, jak błędne były jego wartości i przekonania. Jest przykładem tego, że można całkowicie umrzeć dla przeszłości, niezależnie od tego jak złe były czyjeś czyny.

Wastu – „natura", „środowisko". Starożytna wedyjska nauka architektury, obejmująca zasady stawiania budynków w harmonii z naturą i wszechświatem.

Wedanta – „koniec Wed". Filozofia Upaniszad, ostatniej części Wed, utrzymująca że Najwyższa Prawda jest „jedna jedyna".

Wedy – „wiedza, mądrość". Starożytne święte pisma hinduizmu. Zbiór świętych tekstów w sanskrycie podzielonych na cztery części: Rig, Jadżur, Sama i Atharwa. Wedy zostały ofiarowane światu przez riszich, oświeconych mędrców. Są uważane za bezpośrednie objawienie Najwyższej Prawdy.

Wibhuti – święty popiół, tradycyjnie otrzymywany poprzez palenie suchego krowiego łajna.

Wisznu – „Wszechobecny". Imię Boga. Zazwyczaj wielbiony w postaci swych dwóch inkarnacji: Kryszny i Ramy.

Wiweka – rozróżnianie. Umiejętność rozróżniania pomiędzy Prawdziwym a nieprawdziwym, pomiędzy wiecznym a nietrwałym, pomiędzy dharmą i adharmą (prawością i nieprawością) itp.

www.ingramcontent.com/pod-product-compliance
Lightning Source LLC
Chambersburg PA
CBHW070616050426
42450CB00011B/3068